C.G. Jung

Die Beziehungen zwischen dem Ich und dem Unbewussten

C.G. JUNG

Die Beziehungen zwischen dem Ich und dem Unbewussten

Herausgegeben von Lorenz Jung

EDITION C. G. JUNG

MIX
Papier | Fördert gute Waldnutzung
FSC® C014496

Die Verlagsgruppe Patmos ist sich ihrer Verantwortung gegenüber unserer Umwelt bewusst. Wir folgen dem Prinzip der Nachhaltigkeit und streben den Einklang von wirtschaftlicher Entwicklung, sozialer Sicherheit und Erhaltung unserer natürlichen Lebensgrundlagen an. Näheres zur Nachhaltigkeitsstrategie der Verlagsgruppe Patmos auf unserer Website www.verlagsgruppe-patmos.de/nachhaltig-gut-leben
Übereinstimmend mit der EU-Verordnung zur allgemeinen Produktsicherheit (GPSR) stellen wir sicher, dass unsere Produkte die Sicherheitsstandards erfüllen. Näheres dazu auf unserer Website www.verlagsgruppe-patmos.de/produktsicherheit. Bei Fragen zur Produktsicherheit wenden Sie sich bitte an produktsicherheit@verlagsgruppe-patmos.de

Bibliografische Information der Deutschen Nationalbibliothek
Die Deutsche Nationalbibliothek verzeichnet diese Publikation in der Deutschen Nationalbibliografie; detaillierte bibliografische Daten sind im Internet über http://dnb.d-nb.de abrufbar.

9. Auflage 2026

Verlagsgruppe Patmos in der Schwabenverlag AG, Senefelderstr. 12, 73760 Ostfildern
www.patmos.de
Dieser Band erschien erstmals 1990 im Deutschen Taschenbuch Verlag, München, als Band 1 der elfbändigen, von Lorenz Jung herausgegebenen Taschenbuchausgabe mit ausgewählten Schriften aus den Gesammelten Werken (GW 1–20) von C. G. Jung.
Die Texte wurden auf die reformierte neue deutsche Rechtschreibung umgestellt.

Umschlaggestaltung: Finken & Bumiller, Stuttgart
Umschlagabbildung: Patientenbild von C. G. Jung, ohne Titel, 7.8.1948, Gouache auf Papier, 33 × 25 cm, Bildarchiv C. G. Jung-Institut Zürich, Küsnacht, 074 CVBB.
© C. G. Jung-Institut Zürich, Küsnacht. Foto: Ulrich Peters.
Druck: GGP Media GmbH, Pößneck
Hergestellt in Deutschland
ISBN 978-3-8436-1136-7

EDITION C. G. JUNG im Patmos Verlag

INHALT

VORREDE ZUR ZWEITEN AUFLAGE

Dieses kleine Buch ist ursprünglich hervorgegangen aus einem Vortrag, den ich unter dem Titel ›La Structure de l'Inconscient‹[1] in den ›Archives de Psychologie‹ im Dezember 1916 (Bd. 16, S. 152) veröffentlicht habe. Ebenso ist er unter dem Titel ›The Conception of the Unconscious‹ in meinen ›Collected Papers on Analytical Psychology‹[2] publiziert. Ich erwähne diese Tatsache, weil ich dadurch bekunden möchte, dass die vorliegende Schrift nicht eine einmalige Erscheinung ist, sondern der Ausdruck eines über Jahrzehnte sich erstreckenden Bemühens, den eigentümlichen Charakter und Verlauf des »drame intérieur«, des Wandlungsprozesses der unbewussten Seele zu erfassen und – wenigstens in seinen Hauptzügen – darzustellen. Diese Idee der Selbständigkeit des Unbewussten, welche meine Auffassung so prinzipiell von derjenigen Freuds unterscheidet, dämmerte mir schon 1902, als ich mich mit der seelischen Entwicklungsgeschichte einer jungen Somnambulen beschäftigte.[3] In einem Zürcher Rathausvortrag, ›Der Inhalt der Psychose‹[4], näherte ich mich dieser Idee von einer anderen Seite. 1912 stellte ich einige Hauptstücke des Prozesses an einem individuellen Beispiel dar und zugleich zeigte ich die historischen und ethnischen Parallelen dieses offenbar universellen psychischen Geschehens auf.[5] Im oben er-

1 Vgl. Die Struktur des Unbewußten, GW 7.
2 Collected Papers on Analytical Psychology, 2. Aufl., 1917.
3 Vgl. Zur Psychologie und Pathologie sogenannter occulter Phänomene, GW 1.
4 Der Inhalt der Psychose, GW 3.
5 Vgl. Wandlungen und Symbole der Libido, 1912. Siehe auch die von Jung stark revidierte und erweiterte Fassung von 1952: Symbole der Wandlung, GW 5.

wähnten Essay, ›La Structure de l'Inconscient‹, versuchte ich zum ersten Male, eine Zusammenfassung des ganzen Prozesses zu geben. Es war ein bloßer Versuch, von dessen Unzulänglichkeit ich nur allzu sehr überzeugt war. Die Schwierigkeiten des Stoffes waren aber dermaßen groß, dass ich mir unmöglich einbilden konnte, ihnen durch die Ausführungen in einem einzigen Aufsatz auch nur einigermaßen gerecht zu werden. Ich ließ es darum bei der »vorläufigen Mitteilung« bewenden, allerdings mit der festen Absicht, dieses Thema bei späterer Gelegenheit wieder aufzugreifen. Zwölf Jahre weiterer Erfahrungen ermöglichten mir dann 1928 eine gründliche Überarbeitung meiner Formulierungen von 1916, und das Resultat dieser Bemühungen war das vorliegende kleine Buch. Diesmal versuchte ich hauptsächlich, das Verhältnis des Ichbewusstseins zum unbewussten Prozess darzustellen. Dieser Absicht entsprechend beschäftigte ich mich besonders mit jenen Phänomenen, welche als Reaktionserscheinungen der bewussten Persönlichkeit auf die Einwirkungen des Unbewussten anzusprechen sind. Damit versuchte ich, mich indirekt dem eigentlichen unbewussten Prozess anzunähern. Diese Untersuchungen sind allerdings noch nicht zu einem befriedigenden Ende gediehen, denn die Beantwortung der Hauptfrage nach der Natur und dem Wesen des unbewussten Prozesses steht noch aus. Diese besonders schwierige Aufgabe wagte ich ohne größtmögliche Erfahrung nicht anzugehen. Ihre Lösung ist der Zukunft vorbehalten.

Der Leser dieses Büchleins möge mir verzeihen, wenn ich ihn bitte, dasselbe – wenn er es liest – als einen ernsthaften Versuch meinerseits zu betrachten, ein neues und noch unerforschtes Erfahrungsgebiet denkerisch zu erfassen. Es handelt sich nicht um ein ausgeklügeltes Gedankensystem, sondern um die Formulierung psychischer Erlebniskomplexe, welche noch nie Gegenstand einer wissenschaftlichen Betrachtungsweise waren. Da die Seele ein irrational Gegebenes ist und keineswegs nach altem Vorbild mit einer mehr oder weniger göttlichen Vernunft gleichgesetzt werden kann, so darf man sich auch nicht wundern, dass wir in der psychologischen Erfahrung überaus häufig auf Vorgänge und Erlebnisse stoßen, welche unserer vernünftigen Erwartung nicht entsprechen und infolgedessen von unserem rationalistisch eingestellten Bewusstsein verworfen werden. Solche Einstellung ist natürlich zu psychologischer Beobachtung ungeschickt, weil sie in hohem Maße unwissenschaftlich ist. Man darf es der Natur nicht vorsagen wollen, wenn man ihr ungestörtes Walten beobachten will.

Es sind 28 Jahre psychologischer und psychiatrischer Erfahrung, die ich zu resümieren versuche, weshalb mein kleines Buch einen gewissen Anspruch darauf erheben darf, ernst genommen zu werden. Alles konnte ich natürlich in dieser einen Darstellung nicht sagen. Eine Fortsetzung des letzten Kapitels findet der Leser in dem Buche ›Das Geheimnis der goldenen Blüte‹[6], das ich gemeinsam mit meinem verstorbenen Freunde Richard Wilhelm herausgegeben habe. Den Hinweis auf diese Publikation wollte ich nicht unterlassen, denn die östliche Philosophie beschäftigt sich mit den innerseelischen Vorgängen schon seit vielen Jahrhunderten und ist darum, gerade wegen des so nötigen Vergleichsmaterials, für unsere psychologische Forschung von unschätzbarem Werte.

Im Oktober 1934 C. G. Jung

[6] Vgl. den Kommentar zu ›Das Geheimnis der goldenen Blüte‹, GW 13.

Erster Teil

DIE WIRKUNGEN DES UNBEWUSSTEN AUF DAS BEWUSSTSEIN

1. Das persönliche und das kollektive Unbewusste[7]

Wie bekannt, beschränken sich die Inhalte des Unbewussten nach der Freud'schen Anschauung auf infantile Tendenzen, die ihres inkompatiblen Charakters wegen *verdrängt* sind. Die Verdrängung ist ein Prozess, der in der frühen Kindheit unter dem moralischen Einfluss der Umgebung einsetzt und das ganze Leben hindurch anhält. Durch die Analyse werden die Verdrängungen aufgehoben und die verdrängten Wünsche bewusst gemacht.

Nach dieser Theorie enthielte das Unbewusste sozusagen nur diejenigen Teile der Persönlichkeit, die ebenso gut bewusst sein könnten und eigentlich nur durch die Erziehung unterdrückt sind. Obschon für eine gewisse Betrachtungsweise die infantilen Tendenzen des Unbewussten am meisten hervortreten, so wäre es doch unrichtig, danach das Unbewusste überhaupt zu definieren oder zu bewerten. Das Unbewusste hat auch noch eine andere Seite: In seinen Umfang sind nicht nur die *verdrängten* Inhalte einzubeziehen, sondern auch alles dasjenige psychische Material, das den Schwellenwert des Bewusstseins nicht erreicht. Es ist unmöglich, die Unterschwelligkeit aller dieser Materialien aus dem Prinzip der Verdrängung zu erklären, sonst müsste ja durch

[7] Ursprünglich wurde diese Schrift unter dem Titel ›La Structure de l'Inconscient‹ in den ›Archives de Psychologie‹ abgedruckt. Vorliegende Abhandlung ist eine sehr erweiterte und stark veränderte Fassung des ursprünglichen Textes, der erst nach Jungs Tod auf Deutsch erschienen ist. Vgl. Die Struktur des Unbewußten, GW 7.

Aufhebung der Verdrängung der Mensch ein phänomenales Gedächtnis bekommen, das nichts mehr vergisst.

Wir heben hervor, dass außer dem verdrängten Material auch alles unterschwellig gewordene Psychische sich im Unbewussten befindet, inbegriffen subliminale Sinneswahrnehmungen. Außerdem wissen wir nicht nur aus reichlicher Erfahrung, sondern auch aus theoretischen Gründen, dass das Unbewusste auch jenes Material enthält, das den Schwellenwert des Bewusstseins noch nicht erreicht hat. Das sind die Keime späterer bewusster Inhalte. Wir haben ebenso Grund zu vermuten, dass das Unbewusste keineswegs ruhend ist, in dem Sinne, dass es inaktiv wäre, sondern es ist anhaltend beschäftigt mit der Gruppierung und Umgruppierung seiner Inhalte. Diese Aktivität wäre nur in pathologischen Fällen als gänzlich unabhängig zu denken; normalerweise ist sie dem Bewusstsein koordiniert im Sinne einer kompensatorischen Beziehung.

Es ist anzunehmen, dass alle diese Inhalte insofern persönlicher Natur sind, als sie Erwerbungen des individuellen Daseins sind. Da dieses Dasein beschränkt ist, so muss auch die Zahl der Erwerbungen des Unbewussten eine beschränkte sein, weshalb man eine Erschöpfung des Unbewussten durch Analyse oder die Herstellung eines vollständigen Inventars der unbewussten Inhalte für möglich halten sollte, vielleicht in dem Sinne, dass das Unbewusste nichts anderes mehr produzieren könne, als was allbereits bekannt und im Bewusstsein angenommen ist. Auch müsste man, wie schon bemerkt, den Schluss ziehen, dass die unbewusste Produktion dadurch lahmgelegt würde, dass man, durch Aufhebung der Verdrängung, das Hinuntersinken von bewussten Inhalten ins Unbewusste aufhalten könnte. Das ist, wie wir aus Erfahrung wissen, nur in sehr beschränktem Maße möglich. Wir halten unsere Patienten dazu an, verdrängte und wieder ans Bewusstsein assoziierte Inhalte festzuhalten und in ihren Lebensplan aufzunehmen. Diese Prozedur macht aber, wie wir uns täglich überzeugen können, insofern keinen Eindruck auf das Unbewusste, als es ruhig weiter Träume und Phantasien produziert, die, der ursprünglichen Freud'schen Theorie entsprechend, auf persönlichen Verdrängungen beruhen müssten. Wenn man in solchen Fällen konsequent und unvoreingenommen weiter beobachtet, so findet man Materialien, die zwar den früheren persönlichen Inhalten formell ähnlich sind, aber Andeutungen zu enthalten scheinen, die über das Persönliche hinausreichen.

Wenn ich mich nach einem das Gesagte illustrierenden Beispiel umsehe, so erinnere ich mich besonders lebhaft an eine Patientin mit einer nicht allzu schweren hysterischen Neurose, welche, wie man sich zu Beginn dieses Jahrhunderts noch ausdrückte, hauptsächlich auf einem »Vaterkomplex« beruhte. Damit wollte man die Tatsache bezeichnen, dass eine eigenartige Beziehung zum Vater der Patientin hindernd im Wege stand. Sie hatte ein sehr gutes Verhältnis zu ihrem (seither verstorbenen) Vater gehabt. Es war hauptsächlich ein Gefühlsverhältnis gewesen. In einem solchen Fall pflegt öfters die intellektuelle Funktion sich zu entwickeln, weshalb es dann auch diese ist, die später die Brücke zur Welt wird. Demgemäß wurde die Patientin eine Studentin der Philosophie. Ihr lebhafter Erkenntnisdrang wurde zum Motiv, das sie aus der gefühlsmäßigen Verbundenheit mit dem Vater herausführen sollte. Diese Operation kann glücken, wenn auf der durch den Intellekt geschaffenen, neuen Stufe auch das Gefühl sich betätigen kann, etwa in der Weise, dass dann ein dem früheren äquivalentes Gefühlsverhältnis zu einem passenden Manne zustande kommt. Der Übergang wollte aber in diesem Falle nicht gelingen, indem das Gefühl zwischen dem Vater und einem nicht gerade sehr passenden Manne in schwankendem Gleichgewicht steckenblieb. Dadurch war natürlich der Fortschritt des Lebens aufgehalten, und es stellte sich jenes für die Neurose so charakteristische Uneinssein mit sich selber ein. Der sogenannte normale Mensch vermag wohl mit einem kräftigen Willensakt die Gefühlsfessel auf der einen oder andern Seite zu zerreißen oder – was vielleicht das Gewöhnliche ist – er gleitet auf der glatten Bahn des Instinktes unbewusst auf die andere Seite, ohne sich je darüber klar zu werden, was für ein Konflikt hinter einigen Kopfschmerzen oder sonstigem physischen Übelbefinden stattgefunden hat. Eine gewisse Instinktschwäche aber (die vielerlei Ursachen haben kann) genügt, um einen glatten, unbewussten Übergang zu verhindern. Dann bleibt der Fortschritt im Konflikt stecken, und der daraus erfolgende Stillstand des Lebens ist gleichbedeutend mit Neurose. Infolge des Stillstandes nämlich überfließt die psychische Energie nach allen möglichen, zunächst unnütz erscheinenden Richtungen; zum Beispiel entstehen zu starke Innervationen des Sympathikus, woraus nervöse Magen- und Darmstörungen hervorgehen, oder der Vagus (und damit das Herz) wird erregt oder es werden Phantasien und Reminiszenzen, die an und für sich uninteressant genug wären, überwertig und obsedieren das Bewusstsein. (Die Laus wird zum Elefanten! und so weiter.) In diesem Zustand bedarf es eines weiteren Motives, welches dem krankhaften Gleichgewicht ein Ende bereitet. Die Natur selbst leitet unbewusst und indirekt dazu über durch das Übertragungsphänomen (Freud). Im Laufe der Behandlung nämlich überträgt die Patientin das Vaterbild auf den Arzt und macht ihn damit gewissermaßen zum Vater, und, insofern er aber der Vater auch *nicht* ist, zum Äquivalent des Mannes, den sie nicht erreichen konnte. So wird der Arzt gewissermaßen zum Vater und Geliebten, mit anderen Worten zum *Gegenstand des Konfliktes.* Die Gegensätze vereinigen sich in ihm, weshalb er quasi eine ideale Lösung des Konfliktes darstellt. Damit zieht er sich ungewollt jene dem Außenstehenden fast unbegreifliche Überschätzung des Patienten zu, die ihn zu einem Heiland und Gott macht. Diese Metapher ist nicht ganz so lächerlich, wie sie klingt. Es ist in der Tat etwas zu viel, Vater und Geliebter zugleich zu sein. Niemand bringt das auf die Dauer fertig, eben weil es zu viel ist. Man müsste tatsächlich mindestens ein Halbgott sein, um eine solche Rolle immer lückenlos durchzuführen: Man müsste stets der Gebende sein können. Dem Patienten im Zustand der Übertragung erscheint diese provisorische Lösung zunächst ideal. Auf die Dauer aber wird sie zu einem Stillstand, der ebenso schlimm ist wie der neurotische Konflikt. Im Grunde genommen ist ja auch noch gar nichts auf dem Wege zu einer wirklichen Lösung geschehen. Der Konflikt ist bloß übertragen. Immerhin kann eine geglückte Übertragung – wenigstens temporär – die ganze Neurose zum Verschwinden bringen, weshalb die Übertragung von Freud sehr richtig als ein Heilfaktor ersten Ranges erkannt worden ist, zugleich aber auch als ein bloß provisorischer Zustand, welcher die Heilungsmöglichkeit zwar verspricht, aber noch keineswegs die Heilung selber ist.

Diese etwas umständliche Erörterung erscheint mir unerlässlich zum Verständnis meines Beispieles: Meine Patientin war nämlich im Übertragungszustand angelangt und hatte bereits die obere Grenze, wo der Stillstand unangenehm zu werden anfängt, erreicht. Es erhob sich nun die Frage: was weiter? Ich war natürlich gründlichst zum Heiland geworden, und der Gedanke, mich aufgeben zu müssen, war der Patientin selbstverständlich nicht nur äußerst zuwider, sondern geradezu erschreckend. Der sogenannte »gesunde Menschenverstand« pflegt in solchen Situationen sein ganzes Repertoire von »du musst einfach«, »man sollte«, »du kannst doch nicht« und so weiter auszukramen. Insofern der gesunde Menschenverstand glücklicherweise nicht allzu selten und auch nicht allzu unwirksam ist (ich weiß, es gibt Pessimisten), so kann, eben in diesem durch Wohlbefinden erhöhten Übertragungszustand, ein vernünftiges Motiv so viel Enthusiasmus auslösen, dass mit kräftigem Willensentschluss auch ein schmerzhaftes Opfer riskiert wird. Gelingt es (und solches gelingt tatsächlich bisweilen), so bringt das Opfer die segensreiche Frucht, dass der bisherige Patient in einen Zustand von praktischem Geheiltsein hinüberspringen kann. Der Arzt ist darüber gewöhnlich so froh, dass ihm theoretische Beschwernisse in Bezug auf das kleine Mirakel nicht beikommen.

Wenn der Sprung nicht gelingt – meiner Patientin gelang er nicht –, dann ist man dem Problem der Übertragungsablösung gegenübergestellt. Hier gerät die »psychoanalytische« Theorie in eine große Finsternis. Es scheint, dass dann auf einen dunkeln Schicksalsglauben abgestellt wird: Irgendwie muss sich die Sache geben, zum Beispiel »es hört von selbst auf, wenn der Patientin das Geld ausgeht«, wie mir ein etwas zynischer Kollege einmal entgegnete. Oder es sind die unerbittlichen Forderungen des Lebens, die irgendwie ein Verharren in der Übertragung verunmöglichen, Forderungen, die jenes Opfer, das nicht freiwillig gebracht wurde, *erzwingen*, gelegentlich mit einem mehr oder weniger vollständigen Rückfall. (Man darf Beschreibungen solcher Fälle ja nicht in den Büchern der Lobpreisung der Psychoanalyse suchen!)

Gewiss, es gibt hoffnungslose Fälle, wo einfach nichts hilft; aber es gibt auch Fälle, die nicht steckenbleiben, die nicht mit Bitterkeit und einem abgeschossenen Bein aus der Übertragung herausfallen müssen. Ich sagte mir – eben im Falle meiner Patientin –, dass es einen anständigen, klaren Weg geben müsse, der den Menschen auch aus einer solchen Erfahrung in einer völligen Integrität und Bewusstheit herausführen würde. Meiner Patientin war zwar das Geld schon längst »ausgegangen« (wenn sie überhaupt jemals welches besaß), aber ich hatte die Neugier zu wissen, welche Wege die Natur einschlagen würde, um eine befriedigende Lösung des Übertragungsstillstandes herbeizuführen. Da ich mir keineswegs einbildete, jenen gesunden Menschenverstand zu besitzen, der in jeder verzwickten Situation genau weiß, was man tun sollte, und da meine Patientin es ebenso wenig wusste wie ich, so schlug ich ihr vor, wenigstens jene Regungen zu belauschen, welche aus einer psychischen Sphäre, die unserem Besserwissen und unserer Absichtlichkeit entzogen ist, stammen. Das waren in erster Linie die *Träume*.

Die Träume enthalten Bilder und gedankliche Zusammenhänge, die wir nicht mit bewusster Absicht erzeugen. Sie entstehen spontan, ohne unser Zutun, und stellen somit eine der Willkürlichkeit entzogene, psychische Tätigkeit dar. Der Traum ist daher eigentlich ein höchst objektives, sozusagen ein Naturprodukt der Psyche, weshalb man von ihm zum mindesten Hinweise und Anspielungen auf gewisse Grundtendenzen des seelischen Prozesses erwarten darf. Da nun der psychische Lebensprozess – wie jeder Lebensprozess – nicht bloß ein kausaler Ablauf, sondern auch ein final orientierter, zweckmäßiger Vorgang ist, so darf man vom Traum, der nichts anderes als eine Selbstabbildung des psychischen Lebensprozesses darstellt, Indizien über eine objektive Ursächlichkeit sowohl wie über objektive Tendenzen erwarten.

Auf Grund dieser Überlegungen also unterwarfen wir die Träume einer sorgfältigen Beobachtung. Es würde zu weit führen, alle diese Träume, die nun folgten, wörtlich anzuführen. Es möge genügen, ihren Hauptcharakter zu skizzieren: In der Mehrzahl bezogen sich die Träume auf die Person des Arztes, das heißt, die handelnden Personen waren unverkennbar die Träumerin selbst und ihr Arzt. Letzterer erschien aber selten in seiner natürlichen Gestalt, sondern meistens eigentümlich entstellt. Bald war seine Gestalt von übernatürlicher Größe, bald erschien er uralt, dann wieder ihrem Vater ähnlich, dabei aber seltsam in die Natur verwoben, wie in folgendem Traum: Ihr Vater (der in Wirklichkeit von kleiner Statur war) stand mit ihr auf einem Hügel, der mit Weizenfeldern bedeckt war. Sie war klein im Vergleich zu ihm, der wie ein Riese erschien. Er hob sie vom Boden auf und hielt sie wie ein kleines Kind auf den Armen. Der Wind strich über die Weizenfelder, und wie diese im Winde wogten, so wiegte er sie in seinen Armen.

Aus Träumen dieser und ähnlicher Art konnte ich verschiedene Dinge ersehen. Vor allem erhielt ich den Eindruck, als ob ihr Unbewusstes unerschütterlich daran festhielte, dass ich ihr Vater-Geliebter sei, womit offensichtlich die fatale Bindung, die es zu lösen galt, nochmals und ausdrücklich bekräftigt schien. Des Weiteren konnte man auch nicht umhin zu sehen, dass das Unbewusste einen besonderen Nachdruck auf die übermenschliche, sozusagen »göttliche« Natur des Vater-Geliebten legte, womit die mit der Übertragung verbundene Überschätzung ebenfalls und nochmals unterstrichen war. Ich fragte mich deshalb, ob die Patientin denn noch immer nicht die ganze Phantastik ihrer Übertragung eingesehen hätte, oder ob am Ende das Unbewusste durch Einsicht überhaupt nicht zu erreichen sei, sondern blindlings und idiotisch etwas Unsinniges und Unmögliches verfolge. Freuds Gedanke, dass das Unbewusste »nur wünschen könne«, Schopenhauers blinder und zielloser Urwillen, der gnostische Demiurg, in seiner Eitelkeit sich vollkommen wähnend und blind und beschränkt jämmerlich Unvollkommenes schaffend – dieser pessimistische Verdacht auf einen wesentlich negativen Welt- respektive Seelengrund kam in bedrohliche Nähe. Demgegenüber schiene es mir in der Tat nichts anderes zu geben als den guten Rat »Du solltest«, bekräftigt durch einen Axthieb, der die ganze Phantastik auf immer abhaut.

Indem ich mir aber die Träume nochmals gründlich überlegte, dämmerte mir eine andere Möglichkeit. Ich sagte mir Folgendes: Es ist nicht zu leugnen, dass die Träume fortfahren, in denselben Metaphern zu reden, die der Patientin sowohl wie mir aus unseren Unterhaltungen sattsam bekannt sind. Die Patientin selber hat unzweifelhafte Einsicht in die Phantastik ihrer Übertragung. Sie weiß, dass ich ihr als halbgöttlicher Vater-Geliebter erscheine, was sie von meiner tatsächlichen Wirklichkeit wenigstens intellektuell unterscheiden kann. Die Träume wiederholen also offenbar das Bewusstsein minus der bewussten Kritik, die von ihnen gründlichst ignoriert wird. Sie wiederholen also die bewussten Inhalte, doch nicht in toto, sondern setzen den phantastischen Standpunkt gegenüber dem »gesunden Menschenverstand« durch.

Ich fragte mich natürlich: Woher stammt diese Hartnäckigkeit und was bezweckt sie? Dass sie irgendeinen finalen Sinn haben müsse, stand mir fest, denn es gibt keine wirklich lebendigen Dinge, die nicht irgendeinen Zwecksinn hätten, die, mit anderen Worten, erklärt wären, wenn man sie als bloße Überlebsel gewisser früherer Tatsachen dargestellt hat. Die Energie der Übertragung ist aber dermaßen stark, dass sie geradezu den Eindruck eines vitalen Triebes macht. Was ist also der Zweck solcher Phantasien? Eine genaue Betrachtung und Analyse der Träume, besonders desjenigen, den ich wörtlich mitgeteilt habe, ergibt eine ausgesprochene Tendenz – entgegen der bewussten Kritik, welche auf menschliches Maß zurückführen möchte –, die Person des Arztes mit übermenschlichen Attributen auszustatten – riesengroß, uralt, größer als der Vater, wie der Wind, der über die Erde streicht – er soll offenbar noch zu einem Gott gemacht werden! Oder sollte am Ende der Fall umgekehrt liegen, nämlich dass das Unbewusste versucht, aus der Person des Arztes einen Gott zu schaffen, gewissermaßen eine Gottesanschauung aus den Hüllen des Persönlichen zu befreien, dass mithin die Übertragung auf die Person des Arztes ein im Bewusstsein begangenes Missverständnis, ein dummer Streich des »gesunden Menschenverstandes« war? Sollte der Drang des Unbewussten vielleicht nur scheinbar nach der Person greifen, in tieferem Sinne aber nach einem Gotte? Könnte das Verlangen nach einem Gotte eine unbeeinflusster, dunkelster Triebnatur entquellende *Leidenschaft* sein? Vielleicht tiefer und stärker als die Liebe zur menschlichen Person? Oder vielleicht der höchste und eigentlichste Sinn dieser unzweckmäßigen Liebe, die man Übertragung nennt? Vielleicht ein Stück wirklicher »Gottesminne«, die seit dem 15. Jahrhundert dem Bewusstsein entschwunden ist?

Niemand wird die Wirklichkeit eines leidenschaftlichen Begehrens nach der menschlichen Person in Zweifel ziehen, aber dass in der ärztlichen Sprechstunde, dargestellt an der prosaischen Figur des Doktors, ein längst historisch gewordenes Stück religiöser Psychologie, sozusagen ein mittelalterliches Kuriosum – man denkt an Mechthild von Magdeburg – so ganz unmittelbar als lebendige Wirklichkeit zutage treten sollte, erscheint wohl zunächst zu phantastisch, als dass man es ernst nehmen könnte.

Eine wirklich wissenschaftliche Einstellung muss voraussetzungslos sein. Das einzige Kriterium für die Gültigkeit einer Hypothese ist, ob sie heuristischen oder erklärenden Wert besitzt. Es ist nun die Frage, ob die oben dargestellten Möglichkeiten als gültige Hypothese betrachtet werden dürfen. A priori ist gar kein Grund vorhanden, warum es nicht möglich sein sollte, dass die unbewussten Tendenzen einen jenseits der menschlichen Person liegenden Zielpunkt hätten, so gut wie es möglich ist, dass das Unbewusste »nur wünschen« kann. Es ist einzig und allein die Erfahrung, die darüber entscheidet, welches die besser passende Hypothese ist.

Meiner sehr kritischen Patientin wollte diese neue Hypothese nicht recht einleuchten, denn die frühere Auffassung, dass ich der Vater-Geliebte sei und als solcher eine ideale Konfliktlösung darstelle, hatte für ihr Gefühl eine unvergleichlich größere Anziehung. Trotzdem war ihr Intellekt klar genug, die theoretische Möglichkeit einer solchen Hypothese einzusehen. Mittlerweile fuhren die Träume fort, die Person des Arztes in immer größere Proportionen aufzulösen. Damit verbunden geschah nun etwas, das zunächst nur ich mit Erstaunen wahrnahm, nämlich eine sozusagen unterirdische Aushöhlung ihrer Übertragung. Eine Beziehung zu einem Freunde vertiefte sich zusehends, trotzdem sie im Bewusstsein noch immer an ihrer Übertragung festhielt. Als dann der Augenblick der Trennung von mir kam, bedeutete es keine Katastrophe, sondern einen durchaus vernünftigen Abschied. Ich hatte das Privilegium, der einzige Zuschauer beim Ablösungsprozess zu sein. Ich konnte sehen, wie der überpersönliche Richtpunkt eine – ich kann es nicht anders nennen – *führende Funktion* entwickelte und von Schritt zu Schritt alle zuvor persönlichen Überschätzungen auf sich selbst überleitete und mit diesem Zufluss an Energie auch an Einfluss auf das widerstrebende Bewusstsein gewann, ohne dass das Bewusstsein der Patientin davon allzu viel merkte. Ich erkannte daraus, dass die Träume nicht bloß Phantasien waren, sondern Selbstdarstellungen von unbewussten Entwicklungen, welche die Psyche der Patientin langsam über die Unzweckmäßigkeit ihrer persönlichen Bindung hinauswachsen ließen.[8]

Diese Veränderung geschah, wie ich zeigte, dadurch, dass unbewusst ein überpersönlicher Richtpunkt sich entwickelte; ein virtuelles Ziel gewissermaßen, das sich symbolisch in einer Form ausdrückte, die man nicht wohl anders als eine Gottesanschauung bezeichnen kann. Die Träume verzerrten sozusagen die menschliche Person des Arztes zu übermenschlichen Proportionen, zu einem riesenhaften, uralten Vater, der zugleich auch der Wind ist und in dessen beschützenden Armen

[8] Vgl. dazu über »transzendente Funktion«, in: Psychologische Typen, GW 6, § 908.

die Träumerin wie ein Säugling ruht. Wenn man die bewusste Gottesvorstellung der (christlich erzogenen) Patientin als Ursache für das Gottesbild der Träume verantwortlich machen wollte, so müsste man seine Entstellung wiederum hervorheben. In religiöser Beziehung ist die Patientin kritisch und agnostisch eingestellt, und ihre Idee eines möglichen Gotteswesens ist längst zur Sphäre der Unvorstellbarkeit, d. h. der völligen Abstraktion emporgediehen. Demgegenüber entspricht das Gottesbild der Träume der archaischen Vorstellung eines *Naturdämons*, eines Wotan vielleicht. Theos to pneuma, »Gott ist Geist«, ist in die Urform zurückübersetzt, wo pneuma Wind heißt: Gott ist der Wind, stärker, größer als der Mensch und ein unsichtbares Hauchwesen. Ähnlich wie im Hebräischen bezeichnet im Arabischen *ruh* Atem und Geist.[9] Die Träume entwickeln aus der persönlichen Form ein *archaisches Gottesbild*, das vom bewussten Gottesbegriff unendlich verschieden ist. Man könnte auch einwenden, es handle sich bloß um ein infantiles Bild, eine Reminiszenz aus der Kindheit. Ich wäre dieser Annahme nicht abgeneigt, wenn es sich um einen alten Mann auf einem goldenen Thron im Himmel handelte. Es handelt sich aber eben gerade nicht um eine solche Sentimentalität, sondern um eine *primitive* Anschauung, die nur einer archaischen Geistesverfassung entsprechen kann. Dergleichen primitive Anschauungen, von denen ich in meinem Buche über ›Wandlungen und Symbole der Libido‹ eine große Anzahl von Beispielen gegeben habe, legen es einem nahe, eine Unterscheidung der unbewussten Materialien vorzunehmen, eine Unterscheidung, die einen andern Charakter trägt als die Differenzierung von »Vorbewusstem« und »Unbewusstem« oder von »Subconscious« und »Unconscious«. Die Berechtigung dieser Unterscheidungen soll hier nicht weiter diskutiert sein. Sie haben ihren bestimmten Wert und verdienen es wohl, als Gesichtspunkte weitergeführt zu werden. Die Unterscheidung, zu der mich die Erfah-

[9] Ausführliche Nachweise in: Wandlungen und Symbole der Libido, 1912. Neuausgabe: Symbole der Wandlung, GW 5. Weiterführende Hinweise im Sachregister unter dem Stichwort ›Wind‹, GW 5.

rung genötigt hat, beansprucht bloß den Wert eines weiteren Gesichtspunktes. Aus dem bisher Gesagten ergibt es sich, dass wir im Unbewussten gewissermaßen eine Schicht zu unterscheiden haben, die man als *persönliches Unbewusstes* bezeichnen dürfte. Die in dieser Schicht enthaltenen Materialien sind insofern persönlicher Natur, als sie einesteils als Erwerbungen der individuellen Existenz, anderenteils als psychologische Faktoren, die ebenso gut bewusst sein könnten, charakterisiert sind. Es ist zwar einerseits verständlich, dass inkompatible psychologische Elemente der Verdrängung unterliegen und darum unbewusst sind, aber andererseits ist doch die Möglichkeit gegeben, dass die verdrängten Inhalte auch bewusst gemacht und bewusst gehalten werden können, wenn einmal erkannt. Wir erkennen diese Materialien als *persönliche Inhalte* daran, dass wir ihre Wirkungen oder ihr partielles Erscheinen oder ihre Herkunft in unserer persönlichen Vergangenheit nachweisen können. Es sind integrierende Bestandteile der Persönlichkeit, die zum Inventar einer solchen gehören, Bestandteile, deren Ausfall im Bewusstsein eine Minderwertigkeit in dieser oder jener Hinsicht bildet, und zwar nicht etwa eine Minderwertigkeit, die den psychologischen Charakter einer organischen Verstümmelung oder eines angeborenen Defektes an sich hat, sondern vielmehr den *Charakter einer Unterlassung, für die ein moralisches Ressentiment sich aufdrängt*. Die moralisch empfundene Minderwertigkeit zeigt immer an, dass das mangelnde Stück etwas ist, das eigentlich, dem Gefühl entsprechend, nicht mangeln sollte, oder, mit andern Worten, bewusst sein könnte, wenn man sich die nötige Mühe dazu gäbe. Das moralische Minderwertigkeitsgefühl rührt dabei nicht etwa her vom Zusammenstoß mit dem allgemeinen, in gewissem Sinn arbiträren Moralgesetz, sondern vom Konflikt mit dem eigenen Selbst, welches aus Gründen des seelischen Gleichgewichtes die Ausgleichung des Defizites erfordert. Wo immer das Minderwertigkeitsgefühl auftaucht, zeigt es auch an, dass nicht nur die Forderung zur Assimilation eines unbewussten Stückes vorhanden ist, sondern auch die Möglichkeit der Assimilation. Es sind in letzter Linie die moralischen Qualitäten eines Menschen, welche ihn, sei es durch die Erkenntnis der Notwendigkeit, sei es indirekt durch eine qualvolle Neurose, zwingen, sein unbewusstes Selbst zu assimilieren und sich bewusst zu halten. Wer auf diesem Wege der Realisierung seines unbewussten Selbst fortschreitet, führt notwendigerweise den Inhalt des persönlichen Unbewussten ins Bewusstsein über, wodurch der Umfang der Persönlichkeit erweitert wird. Ich möchte gleich beifügen, dass diese »Erweiterung« das moralische Bewusstsein, die Selbsterkenntnis, in erster Linie betrifft, denn die Inhalte des Unbewussten, die durch Analyse befreit und ins Bewusstsein übergeführt werden, sind in der Regel zunächst unangenehme und deshalb verdrängte Inhalte, worunter Wünsche, Erinnerungen, Tendenzen, Pläne und so weiter zu verstehen sind. Es sind Inhalte, die zum Beispiel auch eine genaue Generalbeichte in ähnlicher Weise, jedoch in weit beschränkterem Maße, zu Tage fördert. Das Weitere ergibt sich in der Regel durch Traumanalyse. Es ist oft sehr interessant zu sehen, wie die Träume die wesentlichen Punkte – Stück für Stück mit feinster Auswahl – heraufholen. Das ganze Material, dem Bewusstsein hinzugefügt, ergibt eine wesentliche Erweiterung des Horizontes, eine vertiefte Selbsterkenntnis, von der man voraussetzen müsste, dass sie, wie nichts anderes, geeignet sei, den Menschen bescheiden zu machen und zu humanisieren. Aber auch die Selbsterkenntnis, von der alle Weisen das Beste an Wirkung voraussetzten, wirkt verschieden auf verschiedene Charaktere. Damit kann man in der praktischen Analyse die merkwürdigsten Erfahrungen machen. Doch davon will ich im zweiten Kapitel handeln.

Wie mein Beispiel der archaischen Gottesvorstellung zeigt, scheint das Unbewusste aber noch andere Dinge zu enthalten als bloß persönliche Erwerbungen und Zugehörigkeiten. Meiner Patientin war die Abstammung von »Geist« aus »Wind« oder der Parallelismus der beiden durchaus unbewusst. Dieser Inhalt wurde von ihr weder je gedacht, noch wurde er ihr je gelehrt. Die kritische Stelle im Neuen Testament (to pneuma pnei hopou thelei) war ihr unzugänglich, da sie kein Griechisch liest. Es könnte sich – wenn es wirklich eine persönliche Erwerbung sein sollte – um eine sogenannte *Kryptomnesie*[10] handeln, das heißt um eine unbewusste Wiedererinnerung eines Gedankens, den die Träumerin irgendwo einmal gelesen hat. Gegen eine solche Möglichkeit kann ich in diesem speziellen Falle nichts einwenden. Ich habe aber genügend andere Fälle gesehen – eine große Anzahl derselben findet sich in meinem oben erwähnten Buch –, wo sogar eine Kryptomnesie mit Sicherheit ausgeschlossen ist. Auch wenn es sich in diesem Fall – was mir sehr unwahrscheinlich ist – um eine Kryptomnesie handeln sollte, so bliebe doch noch zu erklären, was die präexistente Disposition war, auf Grund welcher gerade dieses Bild haftete und später wieder »ekphoriert« (Semon) wurde. Auf jeden Fall handelt es sich – mit oder ohne Kryptomnesie – um ein echtes und rechtes primitives Gottesbild, das im Unbewussten eines modernen Menschen wuchs und lebendige Wirkung entfaltete, eine Wirkung, die einem in religions-psychologischer Hinsicht zu denken geben könnte. An diesem Bilde könnte ich nichts persönlich nennen: *Es ist ein ganz kollektives Bild*, dessen ethnisches Vorkommen uns längst bekannt ist. Dieses historische und allgemein verbreitete Bild ist durch natürliche psychische Funktion wieder zustande gekommen, was insofern kein Wunder ist, als meine Patientin mit einem menschlichen Gehirn, das heute vermutlich noch in derselben Weise funktioniert wie bei den alten Germanen, auf die Welt gekommen ist. Es handelt sich um einen wiederbelebten *Archetypus*, wie ich diese Urbilder andernorts bezeichnet habe.[11] Es ist die primitive, analogische Denkweise des Traumes, die diese alten Bilder wieder herstellt. Es handelt sich nicht um vererbte Vorstellungen, sondern um vererbte Bahnungen.[12]

In Anbetracht solcher Tatsachen müssen wir wohl annehmen, dass

[10] Vgl. Flournoy: Des Indes à la Planète Mars. Étude sur un cas de somnambulisme avec glossolalie, 1900; und Jung: Zur Psychologie und Pathologie sogenannter occulter Phänomene, GW 1, §§ 138 f.

[11] Vgl. Definitionen, in: Psychologische Typen, GW 6, §§ 759–773.

[12] Der Vorwurf von »mystischer Phantastik«, den man gegen meine Ansicht erhoben hat, ist daher hinfällig.

das Unbewusste nicht nur Persönliches, sondern auch Unpersönliches, Kollektives in Form *vererbter Kategorien*[13] oder Archetypen enthalte. Ich habe daher die Hypothese aufgestellt, dass das Unbewusste, in seinen tieferen Schichten gewissermaßen, relativ belebte, kollektive Inhalte besäße. Ich spreche darum von einem *kollektiven Unbewussten*.

2. Die Folgeerscheinungen der Assimilation des Unbewussten

Der Prozess der Assimilation des Unbewussten führt zu merkwürdigen Erscheinungen: Die Einen bauen damit ein unverkennbares, ja unangenehm gesteigertes Selbstbewusstsein oder Selbstgefühl auf; sie wissen alles, sie sind vollständig auf dem Laufenden in Bezug auf ihr Unbewusstes. Sie glauben, ganz genau Bescheid zu wissen über alles, was aus dem Unbewussten auftaucht. Auf jeden Fall wachsen sie mit jeder Stunde dem Arzt weiter über den Kopf. Die Andern aber werden heruntergestimmt, ja erdrückt von den Inhalten des Unbewussten. Ihr Selbstgefühl vermindert sich, und sie betrachten mit Resignation all das Außerordentliche, welches vom Unbewussten produziert wird. Die Ersteren übernehmen, im Überschwang des Selbstgefühles, eine Verantwortlichkeit für ihr Unbewusstes, die viel zu weit reicht, über jede wirkliche Möglichkeit hinaus, die Letzteren lehnen schließlich jede Verantwortlichkeit für sich ab in der erdrückenden Erkenntnis der Machtlosigkeit des Ich gegenüber dem durch das Unbewusste waltenden Schicksal.

Wenn wir nun diese beiden extremen Reaktionsweisen analytisch genauer betrachten, so finden wir, dass hinter dem optimistischen Selbstgefühl des Ersteren eine ebenso tiefe, oder besser gesagt, noch viel tiefere Hilflosigkeit liegt, zu der sich der bewusste Optimismus wie eine schlecht geratene Kompensation ausnimmt. Hinter der pessimistischen Resignation des Letzteren aber liegt ein trotziger Machtwille, der an

[13] Hubert und Mauss: Mélanges d'Histoire des Religions, 1909, S. XXIX.

Selbstsicherheit den bewussten Optimismus des Ersteren noch um ein Mehrfaches übertrifft.

Mit diesen zwei Reaktionsweisen habe ich nur zwei grobe Extreme gekennzeichnet. Eine feinere Nuancierung träfe die Wirklichkeit besser. Wie ich an anderer Stelle einmal sagte, missbraucht jeder Analysand die neugewonnenen Erkenntnisse unbewusst zunächst im Sinne seiner abnormen neurotischen Einstellung, wenn er nicht gleich im Anfangsstadium schon von seinen Symptomen derart befreit wird, dass er der weiteren Therapie entraten kann. Ein ganz wesentlicher Faktor hierbei ist der Umstand, dass in diesem Stadium noch alles auf der *Objektstufe* verstanden wird, das heißt ohne Trennung von Imago und Objekt, also mit direkter Beziehung auf das Objekt. Wer also die »Andern« zum vorzüglichen Objekt hat, der wird aus all dem, was er in diesem Teil der Analyse an Selbsterkenntnissen verschlucken durfte, den Schluss ziehen: »Also – so sind die Andern!« Er wird daher, je nach seiner Art, tolerant oder intolerant, sich verpflichtet fühlen, der Welt ein Licht aufzustecken. Der Andere aber, der sich mehr als das Objekt seiner Mitmenschen fühlt denn als deren Subjekt, wird sich von diesen Erkenntnissen beschweren lassen und dementsprechend hinuntersinken. (Ich sehe natürlich ab von jenen zahlreichen, mehr oberflächlichen Naturen, die diese Probleme nur andeutungsweise erleben.) In beiden Fällen tritt eine Verstärkung der Beziehung zum Objekt ein, in Ersterem in aktivem Sinne, in Letzterem in reaktivem. Es tritt eine deutliche Verstärkung des kollektiven Momentes ein. Ersterer dehnt die Sphäre seines Handelns aus, Letzterer die Sphäre seines Erleidens.

Adler hat den Ausdruck »Gottähnlichkeit« angewendet, um gewisse Grundzüge der neurotischen Machtpsychologie zu kennzeichnen. Wenn ich hier ebenfalls den dem ›Faust‹ entstammenden Begriff verwende, so geschieht dies mehr im Sinne jener berühmten Stelle, wo Mephisto dem Schüler ins Stammbuch schreibt[14] und dann für sich dazu bemerkt:

[14] »Eritis sicut Deus, scientes bonum et malum.«

> »Folg' nur dem alten Spruch und meiner Muhme, der Schlange.
> Dir wird gewiß einmal bei deiner Gottähnlichkeit bange!«[15]

Die Gottähnlichkeit bezieht sich, wie ersichtlich, auf das Wissen, die Erkenntnis von Gut und Böse. Die Analyse und Bewusstmachung unbewusster Inhalte bringen es mit sich, dass eine gewisse überlegene Toleranz entsteht, vermittelst welcher auch relativ schwer verdauliche Stücke aus der unbewussten Charakterologie akzeptiert werden. Diese Toleranz sieht sehr »überlegen« und weise aus und ist oft nichts als eine schöne Geste, die aber allerhand Konsequenzen nach sich zieht, handelt es sich doch um Zusammenbringung von zwei Sphären, die vorher ängstlich voneinander getrennt gehalten worden waren. Nach Überwindung nicht unerheblicher Widerstände ist die Vereinigung der Gegensatzpaare gelungen, wenigstens in der Anschauung. Die völligere Einsicht, die Nebeneinanderstellung des vorher Getrennten und die damit ausgedrückte scheinbare Überwindung des moralischen Konfliktes ergibt ein Gefühl der Überlegenheit, das sich wohl durch »Gottähnlichkeit« ausdrücken lässt. Dieselbe Nebeneinanderstellung des Guten und des Bösen kann aber, für ein anderes Temperament, auch eine andere Wirkung haben. Nicht notwendigerweise wird einer im Gefühl des Übermenschentums die Schalen des Guten und des Bösen in seinen Händen halten, sondern er kann sich auch als ein ratloses Objekt zwischen Hammer und Amboss fühlen, nicht notwendigerweise als ein Herkules am Scheidewege, sondern eher als ein steuerloses Schiff zwischen Szylla und Charybdis. Und da er, ohne es zu wissen, sich im großen und uralten Menschheitskonflikt befindet und leidend den Zusammenprall ewiger Prinzipien erlebt, so kann er sich als einen an den Kaukasus gefesselten Prometheus oder als einen Gekreuzigten empfinden. Dies wäre die Gottähnlichkeit im Leiden. Die Gottähnlichkeit ist nun allerdings kein wissenschaftlicher Begriff, trotzdem dieser Ausdruck den

[15] Goethe: Faust I, Studierzimmer, in: Werke in zehn Bänden, Bd. 4, 1961.

psychologischen Tatbestand trefflich kennzeichnet. Ich stelle mir auch nicht vor, dass jeder meiner Leser ohne weiteres die eigentümliche Geistesverfassung der »Gottähnlichkeit« verstünde. Dazu ist dieser Ausdruck zu belletristisch. Ich tue daher wohl besser daran, den darunter begriffenen Zustand näher zu umschreiben: Die Einsichten, die ein Analysand erwirbt, zeigen ihm in der Regel vieles, das ihm bisher unbewusst war. Natürlich wendet er solche Erkenntnisse auch auf seine Umgebung an und sieht dadurch manches (oder glaubt auch zu sehen), was ihm vorher unsichtbar war. Insofern ihm seine Erkenntnisse hilfreich waren, nimmt er gerne an, dass sie auch den andern nützlich wären. Dadurch wird er leicht anmaßlich, vielleicht in bester Absicht, aber den andern unwillkommen. Er hat das Gefühl, einen Schlüssel zu besitzen, der viele, vielleicht sogar alle Türen öffnet. Die »Psychoanalyse« selbst hat diese naive Unbewusstheit ihrer Grenzen, was man deutlich sieht in der Art, wie sie zum Beispiel Kunstwerke befingert.

Da die menschliche Natur nicht nur ganz aus Licht besteht, sondern auch aus reichlich viel Schatten, so sind die Einsichten, die in der praktischen Analyse gewonnen werden, oft etwas peinlich, umso peinlicher, je mehr man sich (wie dies regelmäßig der Fall ist) vorher mit dem Gegenteil aufgelassen hat. Es gibt daher Leute, die sich die neugewonnenen Einsichten sehr zu Herzen nehmen, zu viel sogar, und darüber vergessen, dass sie nicht die Einzigen sind, die Schattenseiten haben. Sie lassen sich zu viel deprimieren und sind dann geneigt, alles an sich anzuzweifeln und nichts mehr für recht zu halten. Darum gibt es sogar vortreffliche Analytiker mit sehr guten Ideen, die publizistisch nie hervortreten, weil das von ihnen gesehene seelische Problem so überwältigend groß ist, dass es ihnen fast unmöglich erscheint, es wissenschaftlich überhaupt anzufassen. Wie der Eine infolge seines Optimismus überschwänglich wird, so wird der Andere durch Pessimismus zu ängstlich und kleinmütig. In diesen Formen etwa prägt sich der große Konflikt aus, wenn er auf einen kleineren Maßstab reduziert wird. Aber auch in diesen kleineren Proportionen lässt sich das Wesentliche unschwer erkennen: Die Überheblichkeit des Einen und der Kleinmut des Andern haben das Eine gemein, nämlich eine *Unsicherheit über ihre Grenzen.* Der Eine dehnt sich übermäßig aus, der Andere verkleinert sich übermäßig. Ihre individuellen Grenzen sind irgendwie verwischt. Wenn wir nun berücksichtigen, dass infolge der seelischen Kompensation eine große Demut dem Hochmut zu allernächst steht und dass »Hochmut immer vor dem Fall kommt«, so können wir hinter der Überheblichkeit leicht auch Züge eines ängstlichen Minderwertigkeitsgefühles entdecken. Ja, wir sehen sogar deutlich, wie eine Unsicherheit den Überschwänglichen treibt, seine ihm nicht zu sicher erscheinenden Wahrheiten anzupreisen und Proselyten dafür zu werben, damit ihm eine Gefolgschaft den Wert und die Verlässlichkeit seiner Überzeugungen gewährleiste. Auch ist es ihm in seiner Erkenntnisfülle nicht so wohl, dass er es allein darin aushielte; im Grunde genommen fühlt er sich damit abseits, und die heimliche Angst, damit alleingelassen zu werden, veranlasst ihn, seine Meinungen und Deutungen überall anzubringen, um ja überall dabei und damit vor verzehrenden Zweifeln geschützt zu sein.

Umgekehrt der Kleinmütige! Je mehr er sich zurückzieht und verbirgt, desto höher wächst in ihm der heimliche Anspruch auf Verständnis und Anerkennung. Obschon er von seiner Minderwertigkeit spricht, so glaubt er im Grunde genommen doch nicht daran. Es drängt sich ihm von innen her eine trotzige Überzeugung seines unerkannten Wertes auf, weshalb er auch gegen die leiseste Missbilligung empfindlich wird und immer den Ausdruck des Missverstandenen und des in seinen berechtigten Ansprüchen Gekränkten zur Schau trägt. Damit bildet er einen krankhaften Stolz und eine anmaßende Unzufriedenheit aus, die er um alles in der Welt nicht haben möchte, die aber seine Umgebung dafür umso reichlicher zu kosten bekommt.

Beide sind zugleich zu klein und zu groß; ihr individuelles Mittelmaß ist, wenn schon vorher nicht ganz sicher, jetzt noch mehr ins Schwanken geraten. Es tönt beinahe grotesk, diesen Zustand als »Gottähnlichkeit« zu bezeichnen. Aber da sie beide ihre menschlichen Proportionen überschreiten, der Eine hier, der Andere dort, so sind sie etwas »übermenschlich« und daher, figürlich gesprochen, »gottähnlich«. Wenn man von dieser Metapher keinen Gebrauch machen will, so würde ich vorschlagen, von *psychischer Inflation* zu sprechen. Dieser Begriff erscheint mir insofern passend, als der in Frage stehende Zustand eine die individuellen Grenzen überschreitende Ausdehnung der Persönlichkeit bedeutet, eine *Aufgeblasenheit* mit einem Wort. In diesem Zustand erfüllt man einen Raum, den man normalerweise nicht ausfüllen könnte. Das kann man nur tun, wenn man sich Inhalte und Eigenschaften aneignet, die als an und für sich bestehend außerhalb unserer Grenzen liegen sollten. Was außer uns liegt, gehört entweder einem andern oder allen oder niemandem. Da die psychische Inflation keineswegs eine Erscheinung ist, die allein durch die Analyse erzeugt wird, sondern ebenso oft auch sonst im gewöhnlichen Leben vorkommt, so können wir sie auch an andern Fällen untersuchen. Ein ganz gewöhnlicher Fall ist die humorlose Identität vieler Männer mit ihrer Beschäftigung oder ihrem Titel. Gewiss ist mein Amt meine mir zugehörige Tätigkeit, zugleich aber ist es auch ein kollektiver Faktor, der aus der Zusammenwirkung vieler historisch zustande gekommen ist und dessen Würde nur einer kollektiven Zustimmung ihr Dasein verdankt. Wenn ich mich daher mit meinem Amt oder Titel identifiziere, so benehme ich mich, wie wenn ich der ganze komplexe, soziale Faktor, den ein Amt darstellt, selber wäre, wie wenn ich nicht nur der Träger des Amtes, sondern auch zugleich die Zustimmung der Gesellschaft wäre. Damit habe ich mich ungewöhnlich ausgedehnt und Eigenschaften usurpiert, die keineswegs in mir, sondern außer mir sind. L'état – c'est moi, das ist das Motto für solche Leute.

Bei der Inflation durch Erkenntnisse handelt es sich zwar um prinzipiell Ähnliches, aber psychologisch Subtileres. Es ist nicht die Würde eines Amtes, sondern es sind bedeutsame Phantasien, welche diese Inflation verursachen. Was ich damit meine, will ich an einem praktischen Beispiel erläutern: Ich wähle dazu den Fall eines Geisteskranken, den ich persönlich kannte und den Maeder[16] in einer Publikation erwähnt. Der Fall ist ausgezeichnet durch hochgradige Inflation. (Bei Geisteskranken kann man nämlich alle jene Phänomene, die beim Normalen nur andeutungsweise vorhanden sind, in vergröbertem und vergrößertem Maßstabe beobachten.[17]) Der Kranke litt an paranoider Demenz mit Größenwahn. Er stand mit der Mutter Gottes und ähnlichen Größen in »telephonischer« Verbindung. In seiner menschlichen Wirklichkeit war er ein verunglückter Schlosserlehrling gewesen, der schon mit etwa 19 Jahren unheilbar geisteskrank wurde. Auch war er nie mit geistigen Gütern gesegnet gewesen. Er hatte aber unter anderem die großartige Idee entdeckt, dass *die Welt sein Bilderbuch sei, in dem er nach Belieben blättern könne*. Der Beweis dafür sei sehr einfach: Er brauche sich nur umzudrehen, dann sehe er eine neue Seite.

Das ist Schopenhauers ›Welt als Wille und Vorstellung‹ in ungeschminkter primitiver Anschaulichkeit. Im Grunde genommen ein erschütternder Gedanke, aus größter Weltferne und Abgeschiedenheit entstanden, aber so naiv und einfach ausgedrückt, dass man zunächst nur das Groteske daran belächeln kann. Und doch liegt diese primitive Anschauung als Wesentlichstes der genialen Weltvision Schopenhauers zu Grunde. Wer weder genial noch verrückt ist, kann sich niemals dermaßen aus der Verwicklung in die Weltwirklichkeit lösen, dass er die Welt als sein Bild zu erblicken vermöchte. Ist es dem Kranken gelungen, eine derartige Anschauung zu entwickeln oder auszubauen? Oder ist sie ihm zugefallen? Oder ist er am Ende gar in sie hineingefallen? Seine krankhafte Auflösung und Inflation beweist das Letztere. *Er* denkt und

16 Maeder: Psychologische Untersuchungen an Dementia Praecox-Kranken, in: Jahrbuch für psychoanalytische und psychopathologische Forschungen, 1910, S. 209 ff.

17 Als ich noch Arzt an der psychiatrischen Klinik in Zürich war, führte ich einmal einen intelligenten Laien durch die Krankenabteilungen. Er hatte noch nie eine Irrenanstalt von innen gesehen. Als wir unsern Rundgang beendet hatten, rief er aus: »Aber hören Sie mal! Das ist ja eine kleine Stadt Zürich! Eine Quintessenz der Bevölkerung! Es ist, wie wenn man alle Typen, die man täglich auf der Straße trifft, in ihren klassischsten Exemplaren hier gesammelt hätte. Lauter Käuze und Prachtexemplare von allen Tiefen und Höhen!« Ich hatte allerdings die Sache nie von dieser Seite betrachtet, aber der Mann hatte in nicht unerheblichem Maße recht.

spricht nicht mehr, sondern *es* denkt und spricht in ihm, darum hört er Stimmen. So besteht der Unterschied zwischen ihm und Schopenhauer darin, dass bei ihm die Anschauung im Stadium eines bloßen spontanen Gewächses stehen geblieben ist, während Schopenhauer dieselbe Anschauung abstrahiert und in allgemeingültiger Sprache ausgedrückt hat. Er hat sie damit aus ihrer unterirdischen Anfänglichkeit ins helle Tageslicht des kollektiven Bewusstseins emporgehoben. Es wäre nun ganz unrichtig anzunehmen, die Anschauung des Kranken hätte persönlichen Charakter und Wert oder sei mit anderen Worten ein ihm zugehöriges Stück. Dann wäre er ja ein Philosoph. Aber nur der ist ein genialer Philosoph, dem es gelungen ist, die primitive und bloß natürliche Vision zur abstrakten Idee und zum bewussten Allgemeingut zu erheben. Diese Leistung erst ist sein *persönlicher Wert*, den er sich zuerkennen darf, ohne damit der Inflation zu verfallen. Die Anschauung des Kranken aber ist ein *unpersönlicher, natürlich gewachsener Wert*, gegen den der Kranke sich nicht verteidigen konnte und von dem er sogar aufgeschluckt und in eine noch größere Weltentfremdung »verrückt« wurde. Die unzweifelhafte Größe der Anschauung blies *ihn* zu krankhafter Ausdehnung auf, anstatt dass er sich der Idee bemächtigte und *sie* zur philosophischen Weltanschauung erweiterte. Der persönliche Wert liegt nur in der philosophischen Leistung, nicht aber in der primären Vision. Auch dem Philosophen ist diese bloß zugewachsen, und zwar aus einem allgemeinen Menschheitsgute, an dem, im Prinzip, jeder teilhat. Die goldenen Äpfel stammen vom gleichen Baum, ob nun ein imbeziller Schlosserlehrling oder ein Schopenhauer sie aufliest.

Wir lernen aber aus diesem Beispiel noch mehr, nämlich dass die überpersönlichen psychischen Inhalte keine bloß indifferenten oder toten Materialien sind, die man sich beliebig aneignen könnte. Es handelt sich vielmehr um lebendige Größen, die attraktiv auf das Bewusstsein wirken. Die Identifikation mit Amt oder Titel hat sogar etwas Verführerisches, weshalb so viele Männer überhaupt nichts anderes sind als ihre von der Gesellschaft ihnen zugebilligte Würde. Es wäre vergeblich, hinter dieser Schale eine Persönlichkeit zu suchen. Man fände hinter der großen Aufmachung bloß ein erbärmliches Menschlein. Darum ist das Amt (oder was diese äußere Schale immer sei) so verführerisch: weil es eine billige Kompensation für persönliche Unzulänglichkeiten darstellt.

Es gibt aber nicht nur äußere Attraktionen, wie Ämter, Titel und sonstige soziale Rollen, welche Inflationen bewirken. Dies wären nur die unpersönlichen Größen außen in der Gesellschaft, im kollektiven Bewusstsein. Wie es aber jenseits des Individuums eine Gesellschaft gibt, so gibt es jenseits unserer persönlichen Psyche eine kollektive Psyche, eben das kollektive Unbewusste, das ebenso anziehende Größen in sich birgt, wie das obige Beispiel zeigt. Wie im ersten Fall einer durch seine Würde plötzlich in die Welt entrückt wird (»Messieurs, à présent je suis Roy«), so kann einer ebenso plötzlich auch daraus verschwinden, nämlich dann, wenn es ihm zugestoßen ist, eines jener großen Bilder zu erblicken, welche der Welt ein anderes Gesicht aufsetzen. Es handelt sich um jene zauberischen »représentations collectives«, welche dem »slogan« der Amerikaner, dem Schlagwort und, auf höchster Stufe, der poetischen und religiösen Sprache zugrundeliegen. Ich erinnere mich eines Geisteskranken, der weder ein Dichter noch sonst wie bedeutend war. Er war bloß eine etwas stille Natur, ein etwas schwärmerisch veranlagter Jüngling. Er hatte sich in ein Mädchen verliebt und sich, wie das so häufig geschieht, nicht genügend vergewissert, ob sie seine Liebe erwidere. Seine primitive »participation mystique« ließ ihn ohne weiteres annehmen, dass seine Ergriffenheit selbstverständlich auch die Ergriffenheit des andern sei, was auf den tieferen Stufen menschlicher Psychologie natürlicherweise meistens der Fall ist. So baute er eine schwärmerische Liebesphantasie auf, die aber jäh zerbrach, als er entdeckte, dass das Mädchen überhaupt nichts von ihm wissen wollte. Er war dermaßen verzweifelt, dass er geradewegs zum Flusse ging, um sich zu ertränken. Es war spät in der Nacht, und die Sterne funkelten ihm aus dem dunkeln Wasser entgegen. Es schien ihm, als ob die Sterne in Paaren den Fluss hinunterschwämmen, und ein wundersames Gefühl erfasste ihn. Er vergaß seine selbstmörderische Absicht und starrte fasziniert auf das seltsame, süße Schauspiel. Und allmählich wurde er gewahr, dass jeder Stern ein Gesicht war und dass diese Paare Liebende waren, die, sich umschlungen haltend, träumend vorbeitrieben. Da dämmerte ihm eine ganz neue Einsicht: Alles hatte sich gewandelt, auch sein Schicksal, seine Enttäuschung sowohl wie seine Liebe waren von ihm abgefallen, die Erinnerung an das Mädchen war fern und gleichgültig, dafür war ihm – er fühlte es deutlich – unerhörter Reichtum versprochen. Er wusste bereits, dass ein ungeheurer Schatz für ihn in der nahegelegenen *Sternwarte* verborgen lag. So kam es, dass er morgens um vier Uhr beim Versuche, in die Sternwarte einzubrechen, von der Polizei verhaftet wurde.

Was war ihm geschehen? Der arme Kopf hat ein Dante'sches Bild erblickt, dessen Schönheit, in einem Verse ausgedrückt, er wohl nie hätte erfassen können. Aber er sah es, und es verwandelte ihn. Was eben größter Schmerz war, lag jetzt in der Ferne; eine neue ungeahnte Welt der Sterne, die weit jenseits dieser jammervollen Erde ihre stille Bahn ziehen, hatte sich ihm im Augenblick, da er die »Schwelle Proserpinas« betrat, eröffnet. Die Ahnung eines unerhörten Reichtums – wer vermöchte es nicht, diesen Gedanken im Innersten zu verstehen? – ging ihm auf wie eine Offenbarung. Für seinen armen Schreibstubenkopf war es zu viel. Er ertrank nicht im Flusse, sondern in einem ewigen Bilde, dessen Schönheit damit auch erlosch.

Wie der Eine in einer sozialen Rolle, so kann der Andere in einer inneren Vision verschwinden und damit seiner Umgebung verloren gehen. Manche unbegreifliche Veränderungen der Persönlichkeit, wie plötzliche Bekehrungen oder andere tiefgreifende Sinnesänderungen, beruhen auf der Attraktion eines kollektiven Bildes,[18] das, wie obiges Beispiel zeigt,

[18] Vgl. Definitionen, in: Psychologische Typen, GW 6, §§ 759–773. Léon Daudet, in seinem Buch ›L'Hérédo‹, 1916, nennt diesen Vorgang »autofécondation intérieure« und versteht darunter die Wiederbelebung einer Ahnenseele.

eine so hochgradige Inflation erzeugen kann, dass die Persönlichkeit überhaupt aufgelöst wird. Diese Auflösung ist eine Geisteskrankheit, entweder vorübergehender oder dauernder Natur, eine »Seelenzerspaltung« oder »Schizophrenie« (Bleuler).[19] Die krankhafte Inflation beruht natürlich auf einer meist angeborenen Schwäche der Persönlichkeit gegenüber der Autonomie kollektiv-unbewusster Inhalte.

Man wird wohl der Wahrheit am nächsten kommen, wenn man sich vorstellt, dass unsere bewusste und persönliche Psyche auf dem breiten Fundament einer vererbten und allgemeinen Geistesdisposition ruht, die als solche unbewusst ist, und dass sich unsere persönliche Psyche zu der Kollektivpsyche etwa verhält wie das Individuum zur Gesellschaft.

Aber in derselben Weise, wie das Individuum nicht nur ein schlechthin einzigartiges und abgesondertes, sondern auch *soziales Wesen* ist, so ist auch die menschliche Psyche nicht nur ein einzelnes und gänzlich individuelles, sondern auch ein kollektives Phänomen. Und in derselben Weise, wie gewisse soziale Funktionen oder Triebe im Gegensatz stehen zu den Interessen der einzelnen Individuen, so hat auch der menschliche Geist gewisse Funktionen oder Tendenzen, die wegen ihrer kollektiven Natur im Gegensatz zu den individuellen Bedürfnissen stehen. Diese Tatsache hat ihren Grund darin, dass jedem Menschen ein hochdifferenziertes Gehirn angeboren ist, das ihm die Möglichkeit einer reichen geistigen Funktion gewährt, die er ontogenetisch weder erworben noch entwickelt hat. In dem Maße, als die menschlichen Gehirne gleichmäßig differenziert sind, ist auch die dadurch ermöglichte geistige Funktion kollektiv und universal. Aus diesem Umstand ist zum Beispiel die Tatsache zu erklären, dass das Unbewusste der entferntesten Völker und Rassen eine ganz merkwürdige Übereinstimmung besitzt, die sich unter anderem in der schon vielfach hervorgehobenen Tatsache der außerordentlichen Übereinstimmung autochthoner Mythenformen und -mo-

19 Bleuler: Dementia Praecox oder Gruppe der Schizophrenien, in: Handbuch der Psychiatrie, 1911.

tive zeigt. Die universale Ähnlichkeit der Gehirne ergibt eine universale Möglichkeit einer gleichartigen Geistesfunktion. Diese Funktion ist die Kollektivpsyche. Insofern es der Rasse, dem Stamm oder gar der Familie entsprechende Differenzierungen gibt, so gibt es auch eine auf Rasse, Stamm oder Familie eingeschränkte Kollektivpsyche über das Niveau der »universalen« Kollektivpsyche hinaus. Um mit P. Janet[20] zu reden, umfasst die Kollektivpsyche die »parties inférieures« der psychischen Funktionen, den festgegründeten, sozusagen automatisch ablaufenden, anererbten und überall vorhandenen, also überpersönlichen oder unpersönlichen Anteil der individuellen Psyche. Das Bewusstsein und das persönliche Unbewusste umfassen die »parties supérieures« der psychischen Funktionen, also den Anteil, der ontogenetisch erworben und entwickelt worden ist. Dasjenige Individuum also, welches die ihm a priori und unbewusst gegebene Kollektivpsyche seinem ontogenetisch erworbenen Besitzstand angliedert, als ob sie ein Teil desselben sei, erweitert damit den Umfang der Persönlichkeit in ungerechtfertigter Weise mit den entsprechenden Folgen. Insofern nämlich die Kollektivpsyche die »parties inférieures« der psychischen Funktionen und damit das jeder Persönlichkeit als Basis Untergeordnete ist, beschwert und entwertet sie die Persönlichkeit, was sich in der Inflation, entweder in jener Erdrückung des Selbstgefühls oder in jener unbewussten Steigerung der Ichbetonung bis zum krankhaften Machtwillen äußert.

Dadurch, dass die Analyse das persönliche Unbewusste bewusst macht, werden dem Individuum Dinge bewusst, die ihm zwar bei andern Leuten in der Regel schon bewusst waren, nur bei sich selber nicht. Durch die Erkenntnis also wird es weniger einzigartig, es wird *kollektiver*. Dieses Kollektivwerden geht nicht nur nach der schlechten Seite, sondern manchmal auch nach der guten. Es gibt nämlich auch Menschen, die ihre guten Eigenschaften verdrängen und ihren infantilen Wünschen bewusst und in aller Breite nachgeben. Die Aufhebung der

[20] Janet: Les Névroses, 1909.

persönlichen Verdrängungen führt zunächst rein persönliche Inhalte ins Bewusstsein über, aber daran hängen schon die kollektiven Elemente des Unbewussten, die allgemein vorhandenen Triebe, Qualitäten und Ideen (Bilder), auch alle jene »statistischen« Teilbeträge von durchschnittlicher Tugend und durchschnittlichem Laster: »Jedermann hat in sich etwas vom Verbrecher, vom Genie und vom Heiligen«, wie man zu sagen pflegt. So kommt schließlich ein lebendiges Bild zustande, das ziemlich alles enthält, was sich auf dem weiß-schwarzen Brett der Welt bewegt, das Gute sowohl wie das Böse, das Schöne sowohl wie das Hässliche. Allmählich bereitet sich auf diese Weise eine von vielen Naturen als sehr positiv empfundene Ähnlichkeit mit der Welt vor, die gegebenenfalls auch das entscheidende Moment in der Neurosenbehandlung bedeutet. Ich habe einige Fälle gesehen, denen es in diesem Zustande zum ersten Mal im Leben gelungen ist, Liebe zu erwecken und selber Liebe zu empfinden, oder in anderer Beziehung den Sprung ins Ungewisse zu wagen, der sie in das ihnen passende Schicksal verwob. Nicht wenige sah ich, die, diesen Zustand für den definitiven haltend, jahrelang in einer gewissen unternehmungsreichen Euphorie verharrten. Vielfach hörte ich natürlich auch solche Fälle als Ergebnisse der analytischen Therapie preisen. Ich muss daher sagen, dass diejenigen Fälle, welche jenen Euphorischen und Unternehmungslustigen entsprechen, dermaßen unter der mangelhaften Unterscheidung von der Welt leiden, dass sie niemandem als wirklich geheilt gelten können. Ich bin der Ansicht, dass sie in gleichem Maße geheilt und ungeheilt sind. Ich hatte nämlich Gelegenheit, solche Patienten auf ihrem Lebenswege zu verfolgen, und ich muss gestehen, dass sie häufig Symptome der Unangepasstheit zeigten, und sofern sie auf dieser Linie verharrten, entstand auch allmählich jene Sterilität und Monotonie, die für alle »Ent-Ichten« charakteristisch ist. Ich rede hier natürlich wieder von den Grenzfällen und nicht von jenen minder wertvollen, normalen und durchschnittlicheren Menschen, deren Anpassungsfragen mehr technischer als problematischer Natur sind. Wäre ich mehr Therapeut als Forscher, so könnte ich natürlich einen gewissen Optimismus des Urteils nicht hintanhalten, weil dann mein Blick auf der *Zahl* der Geheilten ruhte. Aber mein Forschergewissen blickt nicht nach der Zahl, sondern nach der Qualität der Menschen. Die Natur ist eben aristokratisch, und ein wertvoller Mensch wiegt zehn andere auf. Den wertvollen Menschen folgte mein Blick, und an ihnen lernte ich die Zweideutigkeit des Resultates einer rein persönlichen Analyse und dazu noch das Verständnis für die Gründe dieser Zweideutigkeit.

Wenn wir durch die Assimilation des Unbewussten die Kollektivpsyche missverständlicherweise in das Inventar der persönlichen psychischen Funktionen aufnehmen, so tritt eine *Auflösung der Persönlichkeit in ihre Gegensatzpaare* ein. Neben dem bereits besprochenen, gerade in der Neurose so überaus deutlichen Gegensatzpaar Größenwahn – Minderwertigkeitsgefühl gibt es noch viele andere Gegensatzpaare, von denen ich nur das spezifisch moralische Gegensatzpaar hervorheben will, nämlich das Gute und das Böse. In der Kollektivpsyche sind die spezifischen Tugenden und Laster der Menschen ebenso enthalten wie alles andere. Der eine nun rechnet sich die Kollektivtugend als persönliches Verdienst, der andere das Kollektivlaster als persönliche Schuld zu. Beides ist ebenso illusionär wie die Größe und die Minderwertigkeit, denn die eingebildeten Tugenden sowohl wie die eingebildeten Schlechtigkeiten sind bloß die in der Kollektivpsyche enthaltenen und fühlbar gewordenen oder künstlich bewusst gemachten moralischen Gegensatzpaare. Inwiefern diese Gegensatzpaare in der Kollektivpsyche enthalten sind, zeigt das Beispiel der Primitiven, von denen die einen Beobachter größte Tugendhaftigkeit rühmen, während andere von ebendemselben Stamme die allerschlimmsten Eindrücke berichten. Für den Primitiven, dessen persönliche Differenzierung bekanntlich ganz in den Anfängen steckt, ist beides wahr, denn seine Psyche ist wesentlich kollektiv, und darum größtenteils unbewusst. Er ist noch mehr oder weniger identisch mit der Kollektivpsyche und hat darum, ohne persönliche Zurechnung und ohne inneren Widerspruch, die kollektiven Tugenden und Laster. Der Widerspruch erhebt sich erst, wenn eine *persönliche Entwicklung* der Psyche anhebt und dabei die Ratio die unvereinbare Natur der Gegensätze erkennt. Die Folge dieser Erkenntnis ist der Verdrängungskampf. Man will gut sein und muss darum das Böse verdrängen; damit nimmt auch das Paradies der Kollektivpsyche ein Ende. Die Verdrängung der Kollektivpsyche war einfach eine Notwendigkeit der Persönlichkeitsentwicklung. Die Persönlichkeitsentwicklung beim Primitiven, oder besser gesagt, die *Entwicklung der Person*, ist eine Frage des magischen Prestiges. Die Figur des Medizinmannes oder Häuptlings ist wegleitend. Beide tun sich hervor durch Absonderlichkeit ihres Schmuckes und ihrer Lebensweise, das heißt des Ausdruckes ihrer Rolle. Durch die Besonderheit der äußeren Zeichen wird eine Abgrenzung des Individuums geschaffen, und durch den Besitz besonderer ritueller Geheimnisse wird die Absonderung noch stärker betont. Mit solchen und ähnlichen Mitteln erzeugt der Primitive eine Hülle um sich, die man als *Persona* (Maske) bezeichnen kann. Bekanntlich sind es beim Primitiven auch wirkliche Masken, die zum Beispiel bei Totemfesten zur Persönlichkeitserhöhung oder -veränderung dienen. Dadurch wird das ausgezeichnete Individuum der Sphäre der Kollektivpsyche anscheinend entrückt, und in dem Maße, als es ihm gelingt, sich mit seiner Persona zu identifizieren, wird es auch wirklich entrückt. Diese Entrückung bedeutet magisches Prestige. Man könnte natürlich leicht behaupten, dass die Machtabsicht das treibende Motiv zu dieser Entwicklung sei. Man vergisst aber dabei völlig, dass eine Prestigebildung immer ein kollektives Kompromissprodukt ist, das heißt, es gehört dazu, dass einer Prestige haben will und dass ein Publikum da ist, das einen sucht, dem es Prestige geben kann. Bei dieser Sachlage wäre es also unrichtig zu erklären, dass einer aus individueller Machtabsicht sich Prestige schafft: Es ist vielmehr eine durchaus kollektive Angelegenheit. Indem die Sozietät im Ganzen das Bedürfnis hat nach der magisch wirkenden Figur, bedient sie sich dieses Bedürfnisses des Machtwillens eines Einzelnen und des Unterwerfungswillens der Vielen als eines Vehikels und bewirkt damit das Zustandekommen des persönlichen Prestiges. Dieses Letztere ist ein Phänomen, das, wie die Geschichte der politischen Anfänge zeigt, von höchster Bedeutsamkeit für das Gemeinschaftsleben der Völker ist.

Wegen der kaum zu überschätzenden Wichtigkeit des persönlichen Prestiges bedeutet die Möglichkeit einer regressiven Auflösung in die Kollektivpsyche eine Gefahr, nicht bloß für das ausgezeichnete Individuum, sondern auch für seine Gefolgschaft. Eine solche Möglichkeit tritt aber am ehesten dann ein, wenn das Ziel des Prestiges, nämlich allgemeine Anerkennung, erreicht ist. Damit wird die Person zur kollektiven Wahrheit. Das ist immer der Anfang vom Ende. Es ist nämlich nicht nur für das ausgezeichnete Individuum eine positive Leistung, ein Prestige zu erzeugen, sondern auch für seinen Clan. Der Eine zeichnet sich aus durch seine Taten, die Vielen zeichnen sich aus durch Verzicht auf die Macht. Solange diese Einstellung erkämpft und erhalten werden muss gegen feindliche Einflüsse, bleibt die Leistung positiv: Sobald aber keine Hindernisse mehr vorhanden sind und die Allgemeingültigkeit erreicht ist, verliert das Prestige den positiven Wert und wird in der Regel zum caput mortuum. Dann setzt eine schismatische Bewegung ein, womit der Prozess wieder von vorn beginnt.

Weil die Persönlichkeit für das Leben der Gemeinschaft so überaus wichtig ist, so wird auch alles, was ihre Entwicklung stören könnte, als Gefahr empfunden. Die größte Gefahr aber ist die vorzeitige Auflösung des Prestiges durch einen Einbruch der Kollektivpsyche. Die unbedingte *Geheimhaltung* ist eines der bekanntesten primitiven Mittel zur Beschwörung dieser Gefahr. Das kollektive Denken und Fühlen und die kollektive Leistung sind relativ mühelos im Vergleich mit der individuellen Funktion und Leistung, weshalb die Versuchung stets sehr groß ist, die Kollektivfunktion an Stelle der Persönlichkeitsdifferenzierung treten zu lassen. Durch die Verflachung und schließliche Auflösung der herausdifferenzierten und durch magisches Prestige geschützten Persönlichkeit in der Kollektivpsyche (Verleugnung Petri) entsteht ein »Seelenverlust« beim Einzelnen, weil nämlich eine wichtige Leistung unterlassen oder wieder rückgängig gemacht wurde. Deshalb stehen auf Tabuverletzungen drakonische Strafen, welche der Wichtigkeit der Situation durchaus entsprechen. Solange man diese Dinge bloß kausal als historische Überbleibsel und Metastasen aus dem Inzesttabu[21] betrachtet, versteht man keineswegs, wozu all diese Maßnahmen gut sein sollten. Wenn wir aber vom finalen Standpunkt aus das Problem auffassen, dann wird vieles hell, was vorher dunkel war.

Für die Entwicklung der Persönlichkeit ist also strenge Unterscheidung von der Kollektivpsyche unbedingtes Erfordernis, denn jede mangelhafte Unterscheidung bewirkt ein sofortiges Zerfließen des Individuellen im Kollektiven. Es besteht nun die Gefahr, dass in der Analyse des Unbewussten die kollektive mit der persönlichen Psyche verschmolzen wird, was die vorhin angedeuteten, unerfreulichen Folgen hat. Entweder sind diese Folgen schädlich für das Lebensgefühl oder für die Mitmenschen des Patienten, wenn Letzterer irgendeinen Einfluss auf seine Umgebung hat. In seiner Identität mit der Kollektivpsyche wird er nämlich unfehlbar versuchen, die Ansprüche seines Unbewussten andern aufzudrängen, denn die Identität mit der Kollektivpsyche bringt ein Gefühl der Allgemeingültigkeit (»Gottähnlichkeit«) mit sich, welche sich über die andersartige, persönliche Psyche des Mitmenschen einfach hinwegsetzt. (Das Gefühl der Allgemeingültigkeit stammt natürlich aus der Universalität der Kollektivpsyche.) Eine kollektive Einstellung setzt natürlicherweise beim andern dieselbe Kollektivpsyche voraus. Das bedeutet aber ein rücksichtsloses Hinwegsehen über die individuellen Unterschiede sowohl wie über Unterschiede allgemeiner Art, die es sogar innerhalb der Kollektivpsyche gibt, wie zum Beispiel Rassenunterschiede.[22] Dieses Hinwegsehen über das Individuelle bedeutet natürlich

[21] Freud: Totem und Tabu, 1924.

[22] So ist es ein ganz unverzeihlicher Irrtum, wenn wir die Ergebnisse einer jüdischen Psychologie für allgemeingültig halten! Es wird doch auch niemand einfallen, die chinesische oder indische Psychologie als für uns verbindlich anzunehmen. Der billige Vorwurf des Antisemi-

eine Erstickung des Einzelwesens, wodurch das Element der Differenzierung in einer Gemeinschaft ausgerottet wird. Das Element der Differenzierung ist das Individuum. Alle höchsten Leistungen an Tugenden, wie auch die größten Übeltaten sind individuell. Je größer eine Gemeinschaft ist, und je mehr die jeder großen Gemeinschaft eigentümliche Summierung der Kollektivfaktoren zuungunsten des Individuellen durch konservative Vorurteile unterstützt wird, desto mehr wird das Individuum moralisch und geistig vernichtet, und damit wird auch die einzige Quelle für den sittlichen und geistigen Fortschritt der Sozietät verstopft. Damit gedeiht natürlich nur die Sozietät und alles Kollektive am Einzelnen. Alles Individuelle am Einzelnen aber ist zum Untergang, das heißt zur Verdrängung verurteilt. Damit gerät das Individuelle ins Unbewusste und verwandelt sich dort gesetzmäßig in das prinzipiell Schlechte, in das Destruktive und Anarchische, das sozial sich zwar in einzelnen, prophetisch veranlagten Individuen durch hervorragende Schandtaten (wie Königsmorde und dergleichen) bemerkbar macht, im Übrigen aber in allen andern im Hintergrund bleibt und sich nur indirekt bemerkbar macht in einem unausweichlichen sittlichen Niedergang der Sozietät. Es ist sowieso eine offenkundige Tatsache, dass die Sittlichkeit einer Sozietät als eines Ganzen umgekehrt proportional ihrer Größe ist, denn je mehr Individuen sich ansammeln, desto mehr werden die Individualfaktoren ausgelöscht, und damit auch die Sittlichkeit, die ganz auf dem sittlichen Gefühl und der dafür unerlässlichen Freiheit des Individuums beruht. Daher ist jeder Einzelne, wenn er in der Sozietät ist, unbewusst ein schlechterer Mensch in gewissem Sinne, als wenn er für sich allein

tismus, den man mir wegen dieser Kritik gemacht hat, ist ebenso unintelligent, wie wenn man mich eines antichinesischen Vorurteils beschuldigte. Gewiss, auf einer früheren und tieferen Stufe seelischer Entwicklung, wo es noch unmöglich ist, einen Unterschied zwischen arischer, semitischer, hamitischer und mongolischer Mentalität aufzufinden, haben alle menschlichen Rassen eine gemeinsame Kollektivpsyche. Aber mit dem Einsetzen von Rassendifferenzierung entstehen auch wesentliche Unterschiede in der Kollektivpsyche. Aus diesem Grunde können wir den Geist fremder Rassen nicht in globo in unsere Mentalität übersetzen, ohne Letztere empfindlich zu schädigen, was aber so und so viele instinktschwache Naturen nicht hindert, indische Philosophie und dergleichen mehr zu affektieren.

handelt; denn er ist von der Sozietät getragen und in dem Maße seiner individuellen Verantwortlichkeit enthoben. Eine große Gesellschaft, aus lauter trefflichen Menschen zusammengesetzt, gleicht an Moralität und Intelligenz einem großen, dummen und gewalttätigen Tier. Je größer nämlich die Organisationen sind, desto unvermeidlicher ist auch ihre Immoralität und blinde Dummheit. (Senatus bestia, senatores boni viri.) Wenn nun die Sozietät in ihren einzelnen Vertretern schon automatisch die kollektiven Qualitäten betont, so prämiiert sie damit alle Mittelmäßigkeit, alles, was auf eine billige und verantwortungslose Weise zu vegetieren sich anschickt. Es ist unvermeidlich, dass das Individuelle an die Wand gedrückt wird. Dieser Prozess fängt in der Schule an und setzt sich an der Universität fort und beherrscht alles, wo der Staat seine Hand drin hat. Je kleiner ein sozialer Körper, desto mehr ist die Individualität der Mitglieder gewährleistet, desto größer ihre relative Freiheit und damit die Möglichkeit einer bewussten Verantwortlichkeit. Ohne Freiheit kann es keine Sittlichkeit geben. Unsere Bewunderung vor den großen Organisationen schwindet, wenn wir der andern Seite des Wunders innewerden, nämlich der ungeheuerlichen Anhäufung und Betonung alles Primitiven im Menschen und der unvermeidlichen Vernichtung seiner Individualität zugunsten des Monstrums, das jede große Organisation nun einmal ist. Ein Mensch von heutzutage, der dem moralischen Kollektivideal mehr oder weniger entspricht, hat aus seinem Herzen eine Mördergrube gemacht, was aus der Analyse seines Unbewussten unschwer nachzuweisen ist, wenn er selber dadurch auch keineswegs gestört ist. Und insofern er normal in seine Umgebung »eingepasst«[23] ist, so wird ihn auch die größte Verruchtheit seiner Sozietät nicht stören, sofern nur die Mehrzahl seiner Mitmenschen an die hohe Sittlichkeit ihrer gesellschaftlichen Organisation glaubt. Dasselbe nun, was ich hier über den Einfluss der Sozietät auf das Individuum sagte, gilt auch für den Einfluss des kollektiven Unbewussten auf die individuelle Psyche. Wie aus meinen Beispielen hervorgeht, ist aber dieser letztere Einfluss

[23] Zu »Einpassung« und »Anpassung« siehe Psychologische Typen, GW 6, § 630.

ebenso unsichtbar, wie der erstere sichtbar ist. Darum ist es kein Wunder, dass man die inneren Einwirkungen unverständlich findet und die Leute, denen solches passiert, als pathologische Sonderlinge, wenn nicht gar als Verrückte bezeichnet. War es aber zufällig ein wirkliches Genie, so merkt es erst die nächste oder zweitnächste Generation. So selbstverständlich es uns scheint, dass einer in seiner Würde ertrinkt, so gänzlich unverständlich erscheint uns einer, der anderes sucht, als was die Menge begehrt, und in diesem andern dauernd verschwindet. Man möchte beiden *Humor* wünschen, jene nach Schopenhauer wahrhaft »göttliche« Eigenschaft des Menschen, die einzig ihn befähigt, seine Seele im Zustande der Freiheit zu erhalten.

Die durch die Analyse des Unbewussten als wirksam erkannten kollektiven Triebe und Grundformen des menschlichen Denkens und Fühlens sind eine Erwerbung für die bewusste Persönlichkeit, welche sie nicht ohne wesentliche Störung aufnehmen kann. Es ist darum in der praktischen Behandlung von größter Wichtigkeit, die Integrität der Persönlichkeit im Auge zu behalten. Wenn nämlich die Kollektivpsyche als ein persönliches Zubehör des Individuums aufgefasst wird, so bedeutet das eine Verführung oder Belastung der Persönlichkeit, die kaum zu bewältigen ist. Es ist darum dringend geboten, eine klare Unterscheidung zu machen zwischen den persönlichen und den Inhalten der Kollektivpsyche. Diese Unterscheidung ist aber nicht allzu leicht, indem das Persönliche aus der Kollektivpsyche wächst und innigst damit verbunden ist. Es ist darum schwierig zu sagen, welche Inhalte als kollektiv und welche als persönlich zu bezeichnen sind. Es ist unzweifelhaft, dass zum Beispiel archaische Symbolismen, wie sie in Phantasien und Träumen so häufig anzutreffen sind, kollektive Faktoren sind. Alle Grundtriebe und Grundformen des Denkens und Fühlens sind kollektiv. Alles, worin die Menschen übereingekommen sind, dass es allgemein sei, ist kollektiv, ebenso alles, was allgemein verstanden, vorhanden, gesagt und getan ist. Bei genauerer Betrachtung ist man immer wieder erstaunt zu sehen, wie viel an unserer sogenannt individuellen Psychologie eigentlich kollektiv ist. Es ist so viel, dass das Individuelle dahinter ganz verschwindet. Da nun aber die Individuation[24] eine ganz unumgängliche psychologische Forderung ist, so lässt sich aus der Betrachtung der Übermacht des Kollektiven ermessen, was für eine ganz besondere Aufmerksamkeit man dieser zarten Pflanze »Individualität« schenken muss, damit sie vom Kollektiven nicht völlig erstickt wird.

Der Mensch hat eine Fähigkeit, welche für die Kollektivabsicht die allernützlichste und für die Individuation die allerschädlichste ist, das ist die *Nachahmung*. Die Gesellschaftspsychologie kann der Nachahmung gar nicht entraten, denn ohne sie sind Massenorganisationen, Staat und Gesellschaftsordnung einfach unmöglich; es ist ja nicht das Gesetz, welches die Gesellschaftsordnung macht, sondern die Nachahmung, in welchem Begriff auch Suggestibilität, Suggestion und geistige Ansteckung eingeschlossen sind. Wir sehen aber auch jeden Tag, wie der Mechanismus der Nachahmung benützt oder vielmehr missbraucht wird zum Zwecke der persönlichen Differenzierung: Man ahmt dazu einfach eine hervorragende Persönlichkeit nach oder eine seltene Eigenschaft oder Betätigung, wodurch zwar eine Unterscheidung von der nächsten Umgebung in äußerlicher Beziehung zustande kommt. Zur Strafe dafür – möchte man fast sagen – erhöht sich die trotzdem vorhandene Ähnlichkeit mit dem Geiste der Umgebung zu einer unbewussten zwangsmäßigen Bindung an sie. Gewöhnlich bleibt der durch Nachahmung verfälschte Versuch zur individuellen Differenzierung in der Pose stecken, und der Mensch bleibt doch auf der Stufe, auf der er sich vor dieser befand, nur noch um einige Grade steriler als zuvor. Um zu entdecken, was in uns eigentlich individuell ist, bedarf es schon eines gründlichen Nachdenkens, und wir werden plötzlich inne, wie ungemein schwierig die Entdeckung der Individualität ist.

[24] Vgl. Definitionen, in: Psychologische Typen, GW 6, § 825: »Die Individuation ist … ein Differenzierungsprozeß, der die Entwicklung der individuellen Persönlichkeit zum Ziele hat … Da das Individuum nicht nur Einzelwesen ist, sondern auch kollektive Beziehung zu seiner Existenz voraussetzt, so führt auch der Prozeß der Individuation nicht in die Vereinzelung, sondern in einen intensiveren und allgemeineren Kollektivzusammenhang.«

3. Die Persona als ein Ausschnitt aus der Kollektivpsyche

In diesem Abschnitt gelangen wir zu einem Problem, das geeignet ist, größte Verwirrung zu stiften, wenn es übersehen wird. Ich erwähnte vorher, dass durch die Analyse des persönlichen Unbewussten zunächst persönliche Inhalte dem Bewusstsein angegliedert würden, und ich schlug vor, die verdrängten, aber bewusstseinsfähigen Teile des Unbewussten als *persönliches Unbewusstes* zu bezeichnen. Ich zeigte ferner, wie durch die Anfügung der tieferen Schichten des Unbewussten, die ich das *kollektive Unbewusste* zu benennen empfehle, eine Erweiterung der Persönlichkeit erfolgt, die zum Zustand der Inflation führt. Dieser Zustand wird erreicht durch eine einfache Fortsetzung der analytischen Arbeit, wie dies in meinem vorherigen Beispiel der Fall gewesen war. Durch die Fortsetzung der Analyse gliedern wir noch unpersönliche, allgemeine Grundeigenschaften der Menschheit dem persönlichen Bewusstsein an, wodurch dann eben jene bereits besprochene Inflation zustande kommt, die gewissermaßen als eine unerfreuliche Folge der Bewusstmachung anzusprechen wäre.[25] Die bewusste Persönlichkeit ist ein mehr oder weniger willkürlicher Ausschnitt aus der Kollektivpsyche.

[25] Diese Folgeerscheinung größerer Bewusstheit ist keineswegs etwas für die analytische Behandlung Spezifisches. Sie kommt überall vor, wo Menschen von einem Wissen oder einer Erkenntnis überwältigt sind. »Das Wissen blähet auf«, schreibt Paulus an die Korinther, denn die neue Erkenntnis hatte einigen den Kopf verdreht, wie es stets so zu gehen pflegt. Die Inflation hat mit der *Art* der Erkenntnis nichts zu tun, sondern bloß mit der Tatsache, dass eine neue Erkenntnis dermaßen von einem schwachen Kopf Besitz ergreifen kann, dass er nichts anderes mehr sieht und hört. Er wird davon hypnotisiert und glaubt, soeben die Lösung des Welträtsels entdeckt zu haben. Das aber ist gleichbedeutend mit Selbstüberhebung. Dieser Vorgang ist eine so allgemeine Reaktion, dass schon die Genesis 2,17 das Essen vom Baume der Erkenntnis als den zum Tode führenden Sündenfall darstellt. Es will einem allerdings nicht unmittelbar einleuchten, warum etwas mehr Bewusstheit, gefolgt von einiger Selbstüberhebung, eine so gefährliche Sache sein sollte. Die Genesis stellt die Bewusstwerdung als eine Tabuverletzung dar, wie wenn durch Erkenntnis eine sakrosankte Grenze frevelhaft überschritten würde. Ich glaube, die Genesis hat recht, insofern jeder Schritt zu einem größeren Bewusstsein eine Art *prometheischer Schuld* ist: Durch die Erkenntnis wird gewissermaßen ein Feuerraub an den Göttern begangen, das heißt, es wird etwas, das Eigentum der unbewussten Mächte war, aus diesem naturhaften

Sie besteht aus einer Summe von psychischen Tatsachen, die als *persönlich* empfunden werden. Das Attribut »persönlich« drückt die ausschließliche Zugehörigkeit zu *dieser* bestimmten Person aus. Ein *nur* persönliches Bewusstsein betont mit einer gewissen Ängstlichkeit sein Eigentums- und Urheberrecht an seinen Inhalten und versucht damit ein Ganzes zu schaffen. Alle jene Inhalte aber, die zu diesem Ganzen nicht recht passen wollen, werden entweder übersehen und vergessen oder verdrängt und abgeleugnet. Dies ist auch eine Art Selbsterziehung, aber eine zu willkürliche und zu gewalttätige. Es muss zugunsten eines idealen Bildes, zu dem man sich gestalten möchte, zu viel allgemein Menschliches geopfert werden. Daher solche »persönlichen« Leute auch immer sehr empfindlich sind, denn allzu leicht geschieht etwas, das ihnen ein unwillkommenes Stück ihres wirklichen (»individuellen«) Charakters zum Bewusstsein bringen könnte.

Diesen oft mit viel Mühe zustande gebrachten Ausschnitt aus der Kollektivpsyche habe ich als *Persona* bezeichnet. Das Wort *Persona* ist dafür wirklich ein passender Ausdruck, denn persona ist ursprünglich die *Maske*, die der Schauspieler trug und welche die Rolle bezeichnete, in der der Spieler auftrat. Wenn wir nämlich an das Wagnis herantreten, eine genaue Unterscheidung dessen vorzunehmen, was als persönliches und was als unpersönliches psychisches Material zu gelten hat, so geraten wir bald in größte Verlegenheit, denn wir müssen auch von den Inhalten der Persona im Grunde genommen dasselbe aussagen, was wir vom kollektiven Unbewussten sagten, nämlich, dass es allgemein sei. Nur vermöge des Umstandes, dass die Persona ein mehr oder weniger zufälliger oder willkürlicher Ausschnitt aus der Kollektivpsyche ist, können wir dem Irrtum verfallen, sie auch in toto für etwas »Individu-

Zusammenhang herausgerissen und der Willkür des Bewusstseins unterstellt. Der Mensch, der die neue Erkenntnis usurpiert hat, erleidet aber eine Veränderung oder Erweiterung des Bewusstseins, wodurch dieses demjenigen seiner Mitmenschen unähnlich wird. Er hat sich zwar über das derzeit Menschliche erhoben (»ihr werdet sein wie Gott«), aber sich damit auch vom Menschen entfernt. Die Qual dieser Einsamkeit ist die Rache der Götter: Er kann nicht mehr zu den Menschen zurück. Er ist, wie der Mythus sagt, an die einsamen Felshöhen des Kaukasus geschmiedet, verlassen von Göttern und Menschen.

elles« zu halten; sie ist aber, wie ihr Name sagt, nur eine Maske der Kollektivpsyche, *eine Maske, die Individualität vortäuscht*, die andere und einen selber glauben macht, man sei individuell, während es doch nur eine gespielte Rolle ist, in der die Kollektivpsyche spricht.

Wenn wir die Persona analysieren, so lösen wir die Maske auf und entdecken, dass das, was individuell zu sein schien, im Grunde kollektiv ist, dass mit anderen Worten die Persona nur die Maske der Kollektivpsyche war. Im Grunde genommen ist die Persona nichts »Wirkliches«. Sie ist ein Kompromiss zwischen Individuum und Sozietät über das, »als was einer erscheint«. Er nimmt einen Namen an, erwirbt einen Titel, stellt ein Amt dar und ist dieses oder jenes. Dies ist natürlich in einem gewissen Sinne wirklich, jedoch im Verhältnis zur Individualität des Betreffenden wie eine sekundäre Wirklichkeit, eine bloße Kompromissbildung, an der manchmal andere noch viel mehr beteiligt sind als er. Die Persona ist ein Schein, eine zweidimensionale Wirklichkeit, wie man sie scherzweise bezeichnen könnte.

Es wäre aber ungerecht, den Tatbestand in diesem Zustand der Darstellung zu belassen, ohne zugleich anzuerkennen, dass in der eigentümlichen Auswahl und Definition der Persona allbereits etwas Individuelles liegt, und dass trotz einer ausschließlichen Identität des Ich-Bewusstseins mit der Persona das unbewusste Selbst, die eigentliche Individualität, doch stets vorhanden ist und, wenn auch nicht direkt, so doch indirekt sich bemerkbar macht. Obgleich das Ich-Bewusstsein zunächst identisch ist mit der Persona – jenem Kompromissgebilde, als das einer vor der Kollektivität erscheint und insofern eine Rolle spielt –, so kann das unbewusste Selbst doch nicht dermaßen verdrängt werden, dass es sich nicht bemerkbar machen würde. Sein Einfluss erscheint zunächst in der besonderen Art der kontrastierenden und kompensierenden Inhalte des Unbewussten. Die *rein persönliche Einstellung des Bewusstseins bewirkt Reaktionen von Seiten des Unbewussten, welche neben persönlichen Verdrängungen Ansätze zur Individualentwicklung, unter der Hülle von kollektiven Phantasien, enthalten.*

Durch die Analyse des persönlichen Unbewussten wird das kollektive Material zugleich mit den Elementen der Individualität dem Bewusstsein zugeführt. Ich bin mir bewusst, dass dieses Ergebnis für jemanden, der mit meinen Auffassungen und mit meiner Technik nicht vertraut ist, so gut wie unverständlich ist, und ganz besonders unbegreiflich für jemanden, der gewohnt ist, das Unbewusste unter dem Gesichtswinkel der Freud'schen Theorie zu betrachten. Wenn aber der Leser sich an mein Beispiel der Philosophiestudentin erinnern will, so kann er sich mit dessen Hilfe eine ungefähre Vorstellung davon machen, was ich mit meiner Formulierung meine. Die Patientin war sich zum Beginn der Behandlung der Tatsache unbewusst, dass ihre Beziehung zum Vater eine Bindung an den Vater war und dass sie deshalb einen vaterähnlichen Mann suchte, dem sie aber dann mit ihrem Intellekt begegnete. Dies wäre an sich kein Missgriff, wenn ihr Intellekt nicht einen eigenartigen Protestcharakter gehabt hätte, einen Charakter, den man bei intellektuellen Frauen leider oft antrifft. Ein solcher Intellekt sucht immer dem andern einen Fehler nachzuweisen, er ist vorzugsweise kritisch mit einem unangenehm persönlichen Unterton und will doch für objektiv gehalten werden. Das verdirbt den Männern regelmäßig die Laune, ganz besonders, wenn diese Kritik, wie das nicht selten der Fall ist, auf einen wunden Punkt trifft, den man, zugunsten einer ersprießlichen Diskussion, besser zu berühren vermiede. Aber es ist die Besonderheit dieses weiblichen Intellektes, dass er unglücklicherweise weniger die Ersprießlichkeit einer Diskussion als vielmehr schwache Stellen sucht, um sich daran festzuhaken und damit den Mann zu irritieren. Bei weitem nicht immer ist dies eine bewusste Absicht, sondern vielmehr ein unbewusster Zweck, den Mann zur Überlegenheit zu zwingen und ihn auf diese Weise bewundernswert zu machen. Der Mann merkt in der Regel nicht, dass er in eine Heldenrolle hineingezwängt werden sollte, und findet die »Stichelei« so unangenehm, dass er in Zukunft einen Umweg der Begegnung mit dieser Dame vorzieht. Schließlich bleibt ihr nur der Mann, der von vornherein klein beigibt und deshalb nicht bewundernswert ist.

Hier gab es natürlich für meine Patientin sehr vieles zum Nachdenken, denn sie hatte von diesem ganzen Spiel keine Ahnung. Überdies hatte sie noch einen förmlichen Roman, der sich zwischen ihrem Vater und ihr seit der Kindheit abspielte, einzusehen. Es würde viel zu weit führen, wenn ich hier ausführlich schildern wollte, wie sie sich schon in früheren Jahren mit der der Mutter abgewandten Schattenseite des Vaters unbewusst verständnisvoll in Beziehung setzte und dadurch – *weit über ihr Alter hinaus* – der Mutter als Rivalin gegenübertrat. All dies war Inhalt der Analyse des persönlichen Unbewussten. Da ich, schon aus professionellen Gründen, mich nicht irritieren lassen durfte, so wurde ich unvermeidlicherweise zum Helden und Vater-Geliebten. Auch die Übertragung war zunächst Inhalt des persönlichen Unbewussten. Meine Heldenrolle war ein bloßer Schein, und so, wie ich dadurch zum bloßen Phantom wurde, so spielte auch sie ihre traditionelle Rolle als überweise, höchst erwachsene, alles verstehende Mutter-Tochter-Geliebte, eine bloße Rolle, eine Persona, hinter der ihr wirkliches und eigentliches Wesen, ihr individuelles Selbst noch verborgen lag. Ja, insofern sie sich zunächst mit ihrer Rolle ganz identifizierte, war sie sich ihrer selbst überhaupt unbewusst. Sie war noch immer im Nebel ihrer Infantilwelt und hatte die eigentliche Welt noch gar nicht entdeckt. In dem Maße aber, als ihr durch fortschreitende Analyse die Natur ihrer Übertragung bewusst wurde, meldeten sich auch jene Träume, von denen ich in Kapitel I sprach. Jene Träume brachten Stücke des kollektiven Unbewussten, und damit löste sich ihre infantile Welt und damit auch das Heldenschauspiel auf. *Sie kam zu sich selbst und zu ihren eigenen, wirklichen Möglichkeiten.* Auf diese Weise etwa pflegt es in den meisten Fällen, die weitgehend genug analysiert werden, zu gehen. Dass das Bewusstsein ihrer Individualität gerade mit der Wiederbelebung eines archaischen Gottesbildes zusammenfällt, ist keineswegs eine bloß vereinzelte Koinzidenz, sondern ein sehr häufiges Vorkommnis, das meines Erachtens einer unbewussten Gesetzmäßigkeit entspricht.

Kehren wir nach dieser Abschweifung zu unserer oben begonnenen Überlegung zurück!

Wenn die persönlichen Verdrängungen aufgehoben werden, dann tauchen, miteinander verschmolzen, Individualität und Kollektivpsyche auf und lösen die vormals verdrängten persönlichen Phantasien ab. Die nunmehr auftretenden Phantasien und Träume nehmen ein etwas anderes Aussehen an. Ein untrügliches Merkmal kollektiver Bilder scheint das »Kosmische« zu sein, nämlich die Beziehung von Traum- und Phantasiebildern auf kosmische Qualitäten, wie zeitliche und räumliche Endlosigkeit, enorme Geschwindigkeit und Ausdehnung der Bewegung, »astrologische« Zusammenhänge, tellurische, lunare und solare Analogien, wesentliche körperliche Proportionsänderungen und so weiter. Auch die deutliche Verwendung mythologischer und religiöser Motive im Traum weist auf die Aktivität des kollektiven Unbewussten hin. Das kollektive Element kündigt sich sehr oft an durch eigentümliche Symptome,[26] zum Beispiel durch Träume, man fliege durch den Weltraum wie ein Komet, man sei die Erde oder die Sonne oder ein Stern oder man sei von außerordentlicher Größe oder zwerghaft klein oder man sei gestorben, man sei an unbekannten Orten, sich selber fremd, verwirrt oder verrückt und so weiter. Ebenso treten etwa Gefühle von Desorientiertheit, Schwindelempfindungen und dergleichen auf, zusammen mit den Symptomen der Inflation.

Die Fülle der Möglichkeiten der Kollektivpsyche wirkt verwirrend und verblendend. Mit der Auflösung der Persona erfolgt nämlich eine Entfesselung der unwillkürlichen Phantasie, welche anscheinend nichts anderes ist als die spezifische Tätigkeit der Kollektivpsyche. Diese Tätigkeit bringt Inhalte zum Bewusstsein, von deren Existenz man zuvor nichts ahnte. In dem Maße aber, in dem der Einfluss des kollektiven Un-

[26] Es ist wohl nicht überflüssig zu bemerken, dass kollektive Elemente in den Träumen keineswegs bloß in diesem Stadium der analytischen Behandlung auftreten. Es gibt vielerlei psychologische Situationen, in denen die Aktivität des kollektiven Unbewussten zutage tritt. Es ist aber hier nicht der Ort, in eine Erörterung dieser Bedingungen einzutreten.

bewussten wächst, verliert das Bewusstsein seine führende Macht. Es wird unmerklich zum Geführten, indem ein unbewusster und unpersönlicher Prozess allmählich die Führung übernimmt. So wird die bewusste Persönlichkeit, ohne es zu merken, als eine Figur unter andern auf das Schachbrett eines unsichtbaren Spielers geschoben. Und es ist dieser, der die Schicksalspartie entscheidet, nicht das Bewusstsein und seine Absicht. Auf diese Weise wurde im vorher erwähnten Beispiel die dem Bewusstsein unmöglich erscheinende Übertragungsablösung zuwege gebracht.

Der Eintritt in diesen Prozess ist unvermeidlich, wo immer die Notwendigkeit vorhanden ist, über eine unlösbar scheinende Schwierigkeit hinauszugelangen. Ich hebe hervor, dass selbstverständlich diese Notwendigkeit nicht in allen Neurosenfällen vorhanden ist, indem vielleicht in der Mehrzahl zunächst nur die Behebung momentaner Anpassungsschwierigkeiten in Betracht kommt. Schwere Fälle allerdings sind ohne tiefgreifende »Charakterveränderung« respektive Einstellungsänderung nicht zu heilen. Weitaus in den meisten Fällen gibt die Anpassung an die Realität so viel Arbeit, dass die Anpassung nach innen, an das kollektive Unbewusste, auf lange hinaus nicht in Betracht kommt. Wird diese Anpassung nach innen aber zum Problem, so geht vom Unbewussten eine eigentümliche, unwiderstehliche Anziehung aus, welche die bewusste Lebensrichtung wesentlich beeinflusst. Das Vorwiegen des unbewussten Einflusses, zusammen mit der damit verbundenen Auflösung der Persona und der Herabsetzung der führenden Kraft des Bewusstseins, ist ein Zustand psychischer Gleichgewichtsstörung, der im Falle der analytischen Behandlung künstlich herbeigeführt wurde mit der ärztlichen Absicht, eine die weitere Entwicklung hintanhaltende Schwierigkeit zu lösen. Es gibt natürlich unendlich viele Hindernisse, die durch einen guten Rat, etwas moralische Unterstützung, durch Einsicht oder etwas guten Willen vonseiten des Patienten überwunden werden können. Damit können auch sehr schöne Heilerfolge erzielt werden. Es gibt nicht selten Fälle, wo man vom Unbewussten überhaupt kein Wort zu sagen hat. Es gibt aber auch Schwierigkeiten, deren befriedigende Lösung man gar nicht absehen kann. Wenn in diesen Fällen nicht schon vor der Behandlung eine psychische Gleichgewichtsstörung eingetreten ist, dann wird sie gewiss in der Behandlung eintreten, und zwar sehr häufig ohne irgendwelches Zutun des Arztes. Es sieht oft aus, als ob diese Patienten nur auf einen zuverlässigen Menschen gewartet hätten, um sich selber aufgeben und zusammenbrechen zu können. Ein solcher Gleichgewichtsverlust ist im Prinzip einer psychotischen Störung ähnlich, das heißt, er unterscheidet sich nur dadurch vom Anfangsstadium einer Geisteskrankheit, als er im weiteren Verlauf zu einer größeren Gesundheit, während Letzterer zu einer größeren Zerstörung führt. Es ist ein Zustand von Panik, ein Sichfallenlassen angesichts einer anscheinend hoffnungslosen Verwicklung. Meistens gingen verzweifelte Willensanstrengungen voraus, der Schwierigkeit Herr zu werden, dann kam der Zusammenbruch, in welchem der bisher führende Wille zerfällt. Die dadurch freiwerdende Energie verschwindet aus dem Bewusstsein und fällt gewissermaßen ins Unbewusste. Tatsache ist, dass in solchen Momenten die ersten Anzeichen einer unbewussten Tätigkeit auftauchen. (Ich verweise auf das Beispiel des geisteskranken Jünglings.) Offenbar hat also die das Bewusstsein verlassende Energie das Unbewusste belebt. Die nächste Folge ist eine *Sinnesänderung*. Man könnte sich leicht vorstellen, dass im Falle des erwähnten Jünglings ein stärkeres Gehirn jene Vision der Sterne wie eine heilsame Erleuchtung aufgefasst und den menschlichen Schmerz sub specie aeternitatis betrachtet hätte, mit dem Erfolg, dass die Selbstbesinnung wieder zurückgekommen wäre.[27]

Auf diese Weise wäre ein anscheinend unübersteigbares Hindernis beseitigt gewesen. Ich betrachte daher den Gleichgewichtsverlust als etwas Zweckmäßiges, denn er ersetzt das versagende Bewusstsein

[27] Flournoy: Automatisme téléologique antisuicide: un cas de suicide empêché par une hallucination, in: Archives de Psychologie, VII/1908, S. 113–137; und Jung: Psychologie der Dementia praecox, GW 3, §§ 304 ff.

durch die automatische und instinktive Tätigkeit des Unbewussten, welche auf die Herstellung eines neuen Gleichgewichts abzielt und dieses Ziel auch erreicht – *vorausgesetzt, dass das Bewusstsein imstande ist, die vom Unbewussten produzierten Inhalte zu assimilieren, das heißt, zu verstehen und zu verarbeiten.* Setzt sich das Unbewusste gegenüber dem Bewusstsein einfach durch, so entsteht ein psychotischer Zustand. Kann es nicht völlig durchdringen und auch kein Verständnis erreichen, so entsteht ein jeden weiteren Fortschritt lähmender Konflikt. Mit der Frage des Verständnisses des kollektiven Unbewussten kommen wir aber zu einer ganz beträchtlichen Schwierigkeit, die ich zum Gegenstand des nächsten Kapitels gemacht habe.

4. Die Versuche zur Befreiung der Individualität aus der Kollektivpsyche

a) Die regressive Wiederherstellung der Persona

Ein Zusammenbruch der bewussten Einstellung ist keine kleine Sache. Es ist immer ein kleiner Weltuntergang, bei dem alles wieder zum anfänglichen Chaos zurückkehrt. Man ist ausgeliefert, desorientiert, ein steuerloses Schiff, den Launen der Elemente preisgegeben. So scheint es wenigstens. In Wirklichkeit aber ist man auf das kollektive Unbewusste zurückgefallen, das nunmehr die Führung übernimmt. Man könnte Beispiele häufen von solchen Fällen, in denen im kritischen Moment ein »rettender« Gedanke, eine Vision, eine »innere Stimme« mit unbedingter Überzeugungskraft auftrat und dem Leben eine neue Richtung gab. Man könnte vielleicht auch ebenso viele Fälle beibringen, wo der Zusammenbruch eine Katastrophe bedeutete, welche ein Leben zerstörte, denn in solchen Momenten setzen sich auch krankhafte Überzeugungen fest oder die Ideale gehen überhaupt zugrunde, was ebenso schlimm ist. In ersterem Falle entsteht eine psychische Seltsamkeit oder eine Psychose, in letzterem ein Zustand von Desorientiertheit und

Demoralisation. Gelangen aber die unbewussten Inhalte bis ins Bewusstsein und füllen es mit ihrer beinahe unheimlichen Überzeugungskraft, so erhebt sich die Frage, wie das Individuum darauf reagieren wird. Wird es von diesen Inhalten überwältigt? Oder wird es sie bloß glauben? Oder wird es sie ablehnen? (Ich lasse den Idealfall, das kritische Verständnis, hier außer Betracht.) Der erste Fall bedeutet Paranoia oder Schizophrenie. Der zweite Fall wird zum prophetenhaften Sonderling oder zu einem infantilen Menschen, der aber aus der menschlichen Kulturgemeinschaft ausscheidet. Der dritte Fall bedeutet die *regressive Wiederherstellung der Persona*. In Anbetracht dieser sehr technisch klingenden Formulierung vermutet wohl der Leser mit Recht, dass es sich um eine komplizierte psychische Reaktion handelt, die man im Laufe einer analytischen Behandlung beobachten kann. Es wäre aber ein Irrtum zu glauben, dass dieser Fall nur in einer psychischen Behandlung vorkäme. Man kann diesen Vorgang ebenso gut und oft noch viel besser in andern Lebenslagen als gerade in einer psychischen Behandlung beobachten, nämlich in allen jenen Lebensläufen, wo irgendein gewalttätiges Schicksal zerstörend eingegriffen hat. Widerwärtige Schicksale hat wohl jeder, aber es sind meistens Wunden, die heilen und die keine Verstümmelungen hinterlassen. Hier handelt es sich aber um *zerstörende Erlebnisse*, die einen Menschen gänzlich brechen oder wenigstens dauernd verkrüppeln können. Nehmen wir als Beispiel einen Geschäftsmann, der zu viel wagte und infolgedessen Bankrott machte. Wenn er sich von dieser deprimierenden Erfahrung nicht entmutigen lässt, sondern unentwegt seinen Wagemut beibehält, vielleicht mit einer heilsamen Dämpfung, so ist seine Wunde ohne Verstümmelung geheilt. Wenn er dagegen zusammenbricht, auf alles weitere Wagen verzichtet und seine soziale Reputation im Rahmen einer viel beschränkteren Persönlichkeit mühsam wieder zusammenzuflicken versucht, indem er mit der Mentalität eines erschrockenen Kindes auf einem kleinen Pöstchen subalterne Arbeit verrichtet, die unzweifelhaft unter dem Niveau seines Könnens liegt, so hat er – technisch bezeichnet – *seine Persona auf re-*

gressivem Wege wiederhergestellt. Er ist infolge des Schreckens auf eine frühere Entfaltungsstufe seiner Persönlichkeit zurückgerutscht, er hat sich verkleinert und gibt sich den Anschein, als ob er noch vor dem kritischen Erlebnis stünde, aber mit gänzlicher Unfähigkeit, an die Wiederholung eines solchen Wagnisses auch nur zu denken. Vielleicht hat er früher mehr gewollt, als er vollbringen konnte; jetzt wagt er nicht einmal mehr das, wozu er eigentlich befähigt wäre.

Solche Erlebnisse kommen auf allen Lebensgebieten in allen möglichen Formen vor, daher auch im Laufe einer psychischen Behandlung. Auch hier handelt es sich um eine Erweiterung der Persönlichkeit, um ein Wagnis äußerer oder innerer Natur. Worin das kritische Erlebnis in der Behandlung besteht, das zeigt das Beispiel unserer Philosophiestudentin: Es ist die *Übertragung.* Wie ich schon oben andeutete, kann der Patient über die Klippe der Übertragung unbewusst hinweggleiten; in diesem Fall wird sie nicht zum Erlebnis, und es ist nichts Gründliches geschehen. Der Arzt möchte sich natürlich schon aus lauter Bequemlichkeit solche Patienten wünschen. Sind die Patienten aber intelligent, so entdecken sie ganz von selbst die Existenz dieses Problems. Wenn dann der Arzt, wie im oben erwähnten Beispiel, zum Vater-Geliebten erhoben und demgemäß eine Hochflut von Ansprüchen auf ihn losgelassen wird, so muss er notgedrungenerweise auf Mittel und Wege sinnen, wie er diesem Ansturm so begegnen kann, dass einerseits er selber nicht in den Wirbel hineingerät und dass andererseits der Patient keinen Schaden erleidet. Das gewalttätige Abschneiden der Übertragung kann nämlich völlige Rückfälle und Schlimmeres veranlassen, weshalb das Problem mit sehr viel Takt und Vorsicht angefasst werden muss. Die nächste Möglichkeit ist die Hoffnung, dass »mit der Zeit« der »Unsinn« von selber aufhöre. Mit der Zeit hört gewiss alles einmal auf, aber eine solche Zeit kann sehr lange dauern, und die Schwierigkeit kann für beide Teile unerträglich sein, so dass man auf den Hilfsfaktor »Zeit« in solchem Fall lieber gleich verzichten möchte.

Ein weit besseres Instrument zur »Bekämpfung« der Übertragung scheint die Freud'sche Neurosentheorie zu gewähren. Die Abhängigkeit der Patienten wird als infantil-sexueller Anspruch erklärt, der anstelle der vernünftigen Anwendung der Sexualität stehe. Einen gleichen Vorteil gewährt die Adler'sche[28] Theorie, welche die Übertragung als eine infantile Machtabsicht und als »Sicherungstendenz« erklärt. Beide Theorien passen so gut auf die neurotische Mentalität, dass man jeden Neurosenfall mit beiden Theorien zugleich erklären kann.[29] Diese eigentlich sehr merkwürdige Tatsache, die jeder Unvoreingenommene bestätigen muss, kann nur auf dem Umstand beruhen, dass Freuds »infantile Erotik« und Adlers »Machttendenz« ein und dieselbe Sache sind, ganz unbekümmert um den Streit der Meinungen zwischen der Freud'schen und der Adler'schen Schule. Es ist einfach ein Stück unbeherrschter und zunächst nicht beherrschbarer, ursprünglicher Triebnatur, die im Übertragungsphänomen zutage tritt. Die archaischen Phantasieformen, die allmählich die Bewusstseinsoberfläche erreichen, sind nichts als ein weiterer Beweis für diese Tatsache.

Man kann mit beiden Theorien versuchen, dem Patienten klarzumachen, wie infantil, wie unmöglich und wie absurd seine Ansprüche sind – und schließlich wird er sich vielleicht sogar auf seine Vernunft zurückziehen. Meine Patientin war aber nicht die Einzige, die das *nicht* tat. Es ist richtig: Der Arzt kann mit solchen Theorien sein Gesicht wahren und sich mit mehr oder weniger Menschlichkeit aus der peinlichen Situation herauswinden. Es gibt tatsächlich Patienten, für die sich ein größerer Aufwand nicht lohnt (oder nicht zu lohnen scheint); aber es gibt auch Fälle, wo ein solches Verfahren geradewegs eine sinnlose Beschädigung der Seele des Patienten bedeutet. Im Falle meiner Studentin fühlte ich dunkel etwas dergleichen und gab deshalb meine rationalistischen Versuche auf, um – allerdings mit schlecht verhohlenem Misstrauen – der Natur eine Möglichkeit zu geben, ihren eigenen Unsinn (wie

[28] Adler: Über den nervösen Charakter, 1912.

[29] Vgl. das Beispiel eines solchen Falles in: Über die Psychologie des Unbewußten, GW 7, §§ 44 ff.

es mir schien) zu korrigieren. Wie bereits erwähnt, lernte ich bei dieser Gelegenheit etwas ungemein Wichtiges kennen, nämlich die *Existenz einer unbewussten Selbstregulierung. Das Unbewusste kann nicht nur »wünschen«, sondern auch seine eigenen Wünsche wieder aufheben.* Diese für die Integrität der Persönlichkeit überaus wichtige Erkenntnis bleibt dem verschlossen, der bei der Meinung, es handle sich bloß um Infantilismus, stehen bleibt. Er wird an der Schwelle dieser Erkenntnis umkehren und sich sagen: »Es war natürlich alles Unsinn. Ich bin ein seelisch kranker Phantast, der das Unbewusste und alles, was damit zusammenhängt, am besten begräbt oder über Bord wirft.« Er wird den Sinn dessen, was er so sehr begehrte, nur als infantilen Unsinn einsehen. Er wird verstehen, dass sein Verlangen absurd war; er lernt Toleranz mit sich selbst und Resignation. Was kann er tun? Er wird *vor* den Konflikt zurückkehren und, so gut es eben geht, regressiv seine verschüttete Persona wieder herstellen, abzüglich aller jener Hoffnungen und Erwartungen, die einmal in der Übertragung aufgeblüht waren. Damit wird er kleiner, eingeschränkter und rationalistischer sein als zuvor. Man könnte nicht sagen, dass dieser Ausgang für alle Menschen eo ipso ein Unglück wäre, denn es gibt nur allzu viele, die wegen ihrer notorischen Untauglichkeit in einem rationalistischen System besser gedeihen als in Freiheit. Letzteres gehört zu den schwierigeren Dingen. Wer diesen Ausgang wohl ertragen kann, der darf sich mit Faust sagen:

»Der Erdenkreis ist mir genug bekannt,
Nach drüben ist die Aussicht uns verrannt;
Tor, wer dorthin die Augen blinzelnd richtet,
Sich über Wolken seinesgleichen dichtet!
Er stehe fest und sehe hier sich um;
Dem Tüchtigen ist diese Welt nicht stumm.
Was braucht er in die Ewigkeit zu schweifen!
Was er erkennt, läßt sich ergreifen.

Er wandle so den Erdentag entlang,
Wenn Geister spuken, geh' er seinen Gang …«[30]

Diese Lösung wäre glücklich, wenn es einem wirklich gelänge, das Unbewusste dermaßen abzuschütteln, dass man ihm auch die Energie bis zur Unwirksamkeit entziehen könnte. Erfahrungsgemäß kann aber dem Unbewussten die Energie nur zum Teil entzogen werden; es bleibt stets wirksam, denn es enthält und ist sogar die Libidoquelle selber, aus der uns die psychischen Elemente zufließen. Es wäre daher eine Täuschung, wenn man glaubte, man könnte mit irgendeiner sozusagen magischen Theorie oder Methode dem Unbewussten endgültig die Libido entreißen und es dadurch gewissermaßen ausschalten. Man kann sich dieser Illusion für einige Zeit hingeben, um eines Tages mit Faust sagen zu müssen:

»Nun ist die Luft von solchem Spuk so voll,
Daß niemand weiß, wie er ihn meiden soll.
Wenn auch ein Tag uns klar vernünftig lacht,
In Traumgespinst verwickelt uns die Nacht;
Wir kehren froh von junger Flur zurück,
Ein Vogel krächzt; was krächzt er? Mißgeschick.
Von Aberglauben früh und spat umgarnt:
Es eignet sich, es zeigt sich an, es warnt.
Und so verschüchtert stehen wir allein.
Die Pforte knarrt, und niemand kommt herein …«[31]

Niemand vermag dem Unbewussten *willkürlich* die wirkende Kraft zu entreißen. Man vermag bestenfalls bloß, sich darüber zu täuschen. Es ist, wie Goethe sagt:

30 Goethe: Faust II, 5. Akt, Mitternacht, in: Werke in zehn Bänden, Bd. 4, 1961.
31 Ebenda.

»Würde mich kein Ohr vernehmen,
Müßt' es doch im Herzen dröhnen;
In verwandelter Gestalt
Üb' ich grimmige Gewalt.«[32]

Es gibt nur eines, das dem Unbewussten wirksam gegenübersteht, und das ist eine äußere unzweifelhafte *Not.* (Wer etwas mehr vom Unbewussten weiß, der erkennt aber auch hinter der äußeren Not dasselbe Gesicht, das ihn zuvor von innen anschaute.) Eine innere Not kann sich in eine äußere verwandeln, und solange eine wirkliche, nicht bloß posierte, äußere Not besteht, pflegt die seelische Problematik unwirksam zu sein. Weshalb Mephisto dem Faust, dem das »tolle Zauberwesen« zuwider ist, den Rat gibt:

»Gut! Ein Mittel, ohne Geld
Und Arzt und Zauberei zu haben:
Begib dich gleich hinaus aufs Feld,
Fang an zu hacken und zu graben,
Erhalte dich und deinen Sinn
In einem ganz beschränkten Kreise,
Ernähre dich mit ungemischter Speise,
Leb mit dem Vieh als Vieh, und acht es nicht für Raub,
Den Acker, den du erntest, selbst zu düngen.«[33]

Man kann das »einfache Leben« bekanntlich nicht posieren, und deshalb kann man sich auch durch solche Nachäffung niemals die Problemlosigkeit eines armen, dem Schicksal ausgelieferten Lebens erkaufen. Nicht wer die *Möglichkeit*, sondern vielmehr wer die *Notwendigkeit* eines solchen Lebens in sich hat, der wird durch seine Natur dazu ge-

32 Ebenda.
33 Goethe: Faust I, Hexenküche, in: Werke in zehn Bänden, Bd. 4, 1961.

zwungen, und er wird blind an dem hier aufgeworfenen Problem, das zu sehen schon seine Fassungsgabe nicht hinreicht, vorübergehen. Kann er aber das Faustische Problem sehen, so ist ihm auch schon der Ausweg ins »einfache Leben« versperrt. Gewiss hindert ihn niemand, eine Zweizimmerwohnung auf dem Lande zu beziehen, einen Garten umzuspaten und rohe Rüben zu essen. Aber seine Seele lacht über diesen Betrug. *Nur das, was einer wirklich ist, hat heilende Kraft.*

Die regressive Wiederherstellung der Persona ist nur dann eine Lebensmöglichkeit, wenn einer den kritischen Misserfolg seines Lebens seiner eigenen Aufgeblasenheit verdankt. Er kehrt mit der Verkleinerung seiner Persönlichkeit auf das für ihn ausfüllbare Maß zurück. In jedem andern Fall aber ist Resignation und Selbstverkleinerung ein *Ausweichen*, das auf die Dauer nur mit neurotischem Siechtum aufrechterhalten werden kann. Vom Bewusstsein des Betreffenden aus gesehen, erscheint sein Zustand allerdings nicht als ein Ausweichen, sondern vielmehr als eine Unmöglichkeit, das Problem in Angriff zu nehmen. Er steht in der Regel allein, und wenig oder nichts kommt ihm in unserer heutigen Kultur helfend entgegen; sogar die Psychologie setzt ihm zunächst bloß reduktive Auffassungen entgegen, indem sie den unvermeidlichen archaischen Infantilcharakter jener Durchgangszustände noch unterstreicht und sie ihm dadurch unannehmbar macht. Dass eine ärztliche Theorie auch dazu dienen könnte, dass der Arzt selber seinen Kopf mehr oder weniger elegant aus der Schlinge ziehen kann, kommt ihm nicht bei. Darum passen solche reduktive Theorien so ausgezeichnet auf das Wesen der Neurose, weil sie dem Arzte selber dienlich sind.

b) Die Identifikation mit der Kollektivpsyche

Die zweite Möglichkeit wäre die Identifikation mit der Kollektivpsyche. Das wäre gleichbedeutend mit der Annahme der Inflation, aber nunmehr zum System erhoben; das heißt, man wäre der glückliche Besitzer *der* großen Wahrheit, die noch zu entdecken war, der abschließenden Erkenntnis, welche das Heil der Völker bedeutet. Diese Einstellung braucht nicht gerade Größenwahn in direkter Form zu sein, sondern Größenwahn in der bekannten gemilderten Form des Reformer-, Propheten- und Märtyrertums. Schwache Geister, die, wie das oft der Fall ist, über ein umso größeres Maß an Ehrgeiz, Eitelkeit und übel angebrachter Naivität verfügen, laufen nicht geringe Gefahr, dieser Versuchung zu erliegen. Die Eröffnung des Zuganges zur Kollektivpsyche bedeutet eine Erneuerung des Lebens für das Individuum, gleichgültig, ob diese Erneuerung als angenehm oder unangenehm empfunden wird. Man möchte diese Erneuerung festhalten; der eine, weil dadurch sein Lebensgefühl erhöht wird, der andere, weil dadurch seiner Erkenntnis reicher Zuwachs versprochen ist, ein Dritter, weil er einen Schlüssel zur Verwandlung seines Lebens entdeckt hat. Darum werden alle, die sich der großen Werte, die in der Kollektivpsyche begraben liegen, nicht entschlagen wollen, danach streben, auf irgendeine Weise den neu gewonnenen Anschluss an die Urgründe des Lebens festzuhalten.[34] Die Identifikation scheint dazu der nächste Weg zu sein, denn die Auflösung der Persona in der Kollektivpsyche ladet förmlich dazu ein, sich mit diesem Abgrund zu vermählen und erinnerungslos darin aufzugehen. Dieses Stück Mystik eignet jedem besseren Menschen, so wie die »Sehnsucht nach der Mutter« jedem eingeboren ist, als ein Rückschauen nach der Quelle, aus der man einst entsprang.

Wie ich früher ausführlich zeigte, liegen in der regressiven Sehnsucht, welche Freud bekanntlich als »infantile Fixierung« oder als »Inzestwunsch« auffasst, ein besonderer Wert und eine besondere Notwendigkeit, die zum Beispiel in den Mythen dadurch hervorgehoben wird, dass gerade der Stärkste und Beste des Volkes, nämlich sein Held,

[34] Ich möchte hier an eine interessante Bemerkung Kants erinnern: In seinen ›Vorlesungen über Psychologie‹ (Leipzig 1889) weist er hin auf den »im Felde der dunkeln Vorstellungen liegenden Schatz, der den tiefen Abgrund der menschlichen Erkenntnisse ausmacht, den wir nicht erreichen können«. Dieser Schatz ist, wie ich in meinem Buche über ›Wandlungen und Symbole der Libido‹ (Neuausgabe: Symbole der Wandlung, GW 5) ausführlich gezeigt habe, die Summe der urtümlichen Bilder, in denen die Libido investiert ist oder, besser ausgedrückt, welche die Selbstdarstellung der Libido sind.

es ist, der der regressiven Sehnsucht nachgeht und sich absichtlich in die Gefahr begibt, vom Monstrum des mütterlichen Urgrundes verschlungen zu werden. Er ist aber nur darum ein Held, weil er sich nicht endgültig verschlingen lässt, sondern das Monstrum besiegt, auch nicht bloß *einmal* besiegt, sondern viele Male. Aus der Besiegung der Kollektivpsyche erst ergibt sich der wahre Wert, die Eroberung des Hortes, der unbesiegbaren Waffe, des magischen Schutzmittels, oder was immer der Mythus an begehrenswerten Gütern ersinnt. Wer sich daher mit der Kollektivpsyche identifiziert – mythisch ausgedrückt: wer sich vom Monstrum verschlingen lässt – und so in ihm aufgeht, der ist zwar auch beim Horte, den der Drache bewacht, aber höchst unfreiwillig und zu seinem eigenen größten Schaden.

Es würde wohl keiner, der sich der Lächerlichkeit dieser Identifikation bewusst ist, den Mut haben, sie zum Prinzip zu erheben. Aber das Gefährliche daran ist, dass sehr vielen der nötige Humor fehlt oder eben gerade an dieser Stelle versagt: Sie werden von einem Pathos, von einer Art Bedeutungsschwangerschaft erfasst, welche jede wirksame Selbstkritik verhindert. Ich möchte das Vorkommen wirklicher Propheten im Allgemeinen nicht leugnen, jedoch möchte ich vorsichtshalber jeden einzelnen Fall zunächst einmal bezweifeln, denn es ist eine zu bedenkliche Sache, als dass man leichthin sich dazu entschließen könnte, ihn ohne weiteres für echt zu halten. Jeder richtige Prophet wehrt sich zunächst mannhaft gegen die unbewusste Zumutung dieser Rolle. Wo daher ein Prophet im Handumdrehen entsteht, denkt man besser an einen psychischen Gleichgewichtsverlust.

Neben der Möglichkeit, ein Prophet zu werden, winkt aber noch eine andere, subtilere und anscheinend legitimere Freude, nämlich die, *Jünger eines Propheten* zu werden. Dies ist für die große Mehrzahl eine geradezu ideale Technik. Ihre Vorteile sind: Das »odium dignitatis«, nämlich die übermenschliche Verpflichtung des Propheten, wird zu einem umso süßeren »otium indignitatis«, man ist unwürdig; bescheiden sitzt man dem »Meister« zu Füßen und hütet sich vor eigenen Gedanken. Die geistige Trägheit wird zur Tugend, man darf sich der Sonne eines mindestens halbgöttlichen Wesens erfreuen. Der Archaismus und Infantilismus der unbewussten Phantasie kommt voll auf seine Rechnung ohne eigene Unkosten, denn alle Verpflichtung ist auf den »Meister« abgeschoben. Durch seine Verhimmelung wächst man, ohne es anscheinend zu bemerken, selber in die Höhe, und überdies hat man ja die große Wahrheit – nicht selber entdeckt – aber wenigstens aus des »Meisters« eigenen Händen empfangen. Natürlich schließen sich die Jünger stets zusammen, nicht etwa aus Liebe, sondern in dem wohlverstandenen Interesse, durch Erzeugung einer kollektiven Zusammenstimmung mühelos in der eigenen Überzeugung gefestigt zu werden.

Dies ist nun eine Identifikation mit der Kollektivpsyche, welche bedeutend empfehlenswerter scheint; ein anderer hat die Ehre, Prophet zu sein, und damit auch die gefährliche Verantwortung. Man ist selber bloß ein Jünger, aber damit doch ein Mitverwalter des großen Schatzes, den der Meister gehoben hat. Man fühlt die ganze Würde und Last eines solchen Amtes und erachtet es als höchste Pflicht und sittliche Notwendigkeit, alle Andersdenkenden zu verunglimpfen, Proselyten zu werben und der Menschheit überhaupt ein Licht aufzustecken – genau wie wenn man selber der Prophet wäre. Und es sind gerade diejenigen, welche sich hinter einer anscheinend bescheidenen Persona verkrochen haben, die, durch eine Identifikation mit der Kollektivpsyche aufgeblasen, plötzlich auf der Bildfläche der Welt erscheinen. Denn wie der Prophet ein Urbild der Kollektivpsyche ist, so ist auch der Jünger des Propheten ein Urbild.

In beiden Fällen tritt Inflation durch das kollektive Unbewusste ein und die Selbständigkeit der Individualität leidet Schaden. Da aber lange nicht alle Individualitäten die Kraft zur Selbständigkeit besitzen, so ist die Jüngerphantasie vielleicht noch das Beste, was sie zustande bringen können. Die Genüsse der damit verbundenen Inflation sind dann wenigstens ein kleines Entgelt für den Verlust der geistigen Freiheit. Man darf auch nicht unterschätzen, dass das Leben eines wirklichen oder eingebildeten Propheten voll von Leiden, Enttäuschungen und Entbehrungen ist, so dass die Hosianna singende Jüngerschar den Wert einer Kompensation hat. Das ist alles menschlich so verständlich, dass man sich fast darüber verwundern müsste, wenn irgendeine Bestimmung noch darüber hinausführen sollte.

Zweiter Teil
DIE INDIVIDUATION

5. Die Funktion des Unbewussten

Es gibt eine Bestimmung und eine Möglichkeit, über die im ersten Teil behandelten Stufen hinauszugelangen. *Das ist der Weg der Individuation.* Individuation bedeutet: zum Einzelwesen werden, und, insofern wir unter Individualität unsere innerste, letzte und unvergleichbare Einzigartigkeit verstehen, zum *eigenen Selbst werden.* Man könnte »Individuation« darum auch als »Verselbstung« oder als »Selbstverwirklichung« übersetzen.

Die Entwicklungsmöglichkeiten, die in den vorangegangenen Kapiteln besprochen wurden, sind, im Grunde genommen, *Entselbstungen*, nämlich Selbstentäußerungen zugunsten einer äußeren Rolle oder zugunsten einer eingebildeten Bedeutung. In ersterem Falle tritt das Selbst in den Hintergrund gegenüber der sozialen Anerkennung, im letzteren gegenüber der autosuggestiven Bedeutung eines Urbildes. In beiden Fällen also überwiegt das Kollektive. Die Selbstentäußerung zugunsten des Kollektiven entspricht einem sozialen Ideal; sie gilt sogar als soziale Pflicht und Tugend, obschon damit auch egoistischer Missbrauch getrieben werden kann. Man nennt Egoisten »selbstisch«, was mit dem Begriff eines »Selbst«, wie ich ihn hier handhabe, natürlich nichts zu tun hat. Dagegen scheint aber die Selbstverwirklichung im Gegensatz zu der Selbstentäußerung zu stehen. Dieses Missverständnis ist ganz allgemein, indem man ungenügend zwischen Individualismus und Individuation unterscheidet. Individualismus ist ein absichtliches Hervorheben und Betonen der vermeintlichen Eigenart im Gegensatz zu kollektiven Rücksichten und Verpflichtungen. Individuation aber bedeutet geradezu eine bessere und völligere Erfüllung der kollektiven Bestimmungen des Menschen, indem eine genügende Berücksichtigung der Eigenart des Individuums eine bessere soziale Leistung erhoffen lässt, als wenn die Eigenart vernachlässigt oder gar unterdrückt wird. Die Eigenartigkeit des Individuums ist nämlich keineswegs als eine Fremdartigkeit seiner Substanz oder seiner Komponenten zu verstehen, sondern viel eher als ein eigenartiges Mischungsverhältnis oder als gradueller Differenzierungsunterschied von Funktionen und Fähigkeiten, die an und für sich universal sind. Jedes menschliche Gesicht hat eine Nase, zwei Augen und so weiter, aber diese universalen Faktoren sind variabel, und es ist diese Variabilität, welche individuelle Eigenart ermöglicht. Individuation kann daher nur einen psychologischen Entwicklungsprozess bedeuten, der die gegebenen individuellen Bestimmungen erfüllt, mit anderen Worten, den Menschen zu *dem* bestimmten Einzelwesen macht, das er nun einmal ist. Damit wird er nicht »selbstisch« im landläufigen Sinne, sondern er erfüllt bloß seine Eigenart, was, wie gesagt, von Egoismus oder Individualismus himmelweit verschieden ist.

Insofern nun das menschliche Individuum als lebendige Einheit aus lauter universalen Faktoren zusammengesetzt ist, ist es völlig kollektiv und daher in keinerlei Gegensatz zur Kollektivität. Eine individualistische Betonung der Eigenart setzt sich daher in Widerspruch mit dieser Grundtatsache des lebendigen Wesens. Die Individuation hingegen erstrebt eben gerade eine lebendige Zusammenwirkung aller Faktoren. Da die an sich universalen Faktoren aber stets nur in individueller Form vorhanden sind, so bringt ihre völlige Berücksichtigung auch eine *individuelle Wirkung* hervor, die durch nichts anderes, am wenigsten durch Individualismus, überboten werden kann.

Der Zweck der Individuation ist nun kein anderer, als das Selbst aus den falschen Hüllen der Persona einerseits und der Suggestivgewalt unbewusster Bilder andererseits zu befreien. Es dürfte aus dem bisher

Gesagten hinlänglich klar geworden sein, was die Persona psychologisch bedeutet. Was nun die andere Seite anbelangt, nämlich die Einwirkung des kollektiven Unbewussten, so bewegen wir uns hier in einer dunkeln Innenwelt, welche bedeutend schwerer zu verstehen ist als die jedem zugängliche Psychologie der Persona. Jedermann weiß, was es heißt, »eine Amtsmiene aufsetzen«, oder »eine gesellschaftliche Rolle spielen«, und so weiter. Durch die Persona will man als dies oder das *erscheinen*, oder man versteckt sich gerne hinter einer *Maske*, ja man baut sich sogar eine bestimmte Persona als Schutzwall auf. So dürfte das Problem der Persona dem Verständnis keine Schwierigkeiten bereiten.

Es ist aber eine andere Sache, jene subtilen inneren Vorgänge, welche mit suggestiver Gewalt in das Bewusstsein eingreifen, allgemein verständlich darzustellen. Am ehesten wohl können wir uns von diesen Einwirkungen ein Bild machen mit Hilfe von Beispielen von Geisteskrankheiten, schöpferischen Inspirationen und religiösen Bekehrungen. Eine ganz ausgezeichnete, der Wirklichkeit sozusagen abgelauschte Darstellung einer solchen inneren Veränderung findet man in H. G. Wells: ›Christina Alberta's Father‹.[35] Veränderungen ähnlicher Art sind auch beschrieben in dem lesenswerten Buch von Léon Daudet, ›L'Hérédo‹.[36] Ein umfassendes Material ist bei William James, ›Varieties of Religious Experience‹,[37] zu finden. Obschon in vielen derartigen Fällen äußere Faktoren vorhanden sind, welche die Veränderung entweder direkt bedingen oder wenigstens veranlassen, so ist es doch nicht immer der Fall, dass der äußere Faktor einen genügenden Erklärungsgrund für die Entstehung einer Persönlichkeitsveränderung gibt. Wir müssen vielmehr auch die Tatsache anerkennen, dass aus subjektiven inneren Gründen, Meinungen und Überzeugungen Persönlichkeitsveränderungen entstehen können, wobei äußere Anlässe entweder keine oder eine sehr un-

35 Wells: Christina Alberta's Father, 1925.

36 Daudet: L'Hérédo, 1916.

37 James: The Varieties of Religious Experience, 1902.

wesentliche Rolle spielen. Dies ist bei krankhaften Persönlichkeitsveränderungen sozusagen die Regel. Diejenigen Fälle von Psychose, die eine klare und einfache Reaktion auf ein überwältigendes, äußeres Ereignis darstellen, gehören zu den Ausnahmen, weshalb für die Psychiatrie die erbliche oder erworbene pathologische Veranlagung der wesentliche ätiologische Faktor ist. Das Gleiche gilt wohl für die meisten schöpferischen Intuitionen, denn man wird kaum geneigt sein, eine rein kausale Verknüpfung zwischen dem fallenden Apfel und Newtons Gravitationstheorie anzunehmen. Ebenso beruhen wohl alle jene religiösen Bekehrungen, die nicht direkt auf Suggestion und ansteckendes Beispiel zurückzuführen sind, auf selbständigen inneren Prozessen, deren Verlauf in einer Persönlichkeitsveränderung gipfelt. Diese Prozesse haben in der Regel die Eigentümlichkeit, dass sie zunächst unterschwellige, das heißt unbewusste Vorgänge sind, die nur allmählich das Bewusstsein erreichen. Der Moment des Einbruches kann allerdings ein sehr plötzlicher sein, insofern das Bewusstsein augenblicklich mit höchst fremdartigen und anscheinend ungeahnten Inhalten überschwemmt wird. Für den Laien und den Betroffenen selber mag es so aussehen, für den Kenner aber gibt es keine solchen Plötzlichkeiten. In Wirklichkeit nämlich ist der Einbruch in der Regel durch viele Jahre, oft ein halbes Leben hindurch, vorbereitet worden, und es hätten sich schon in der Kindheit allerhand Merkwürdigkeiten beobachten lassen, welche, oft mehr oder weniger symbolisch, auf zukünftige abnorme Entwicklungen hindeuteten. Ich erinnere mich zum Beispiel eines Geisteskranken, welcher die Nahrung verweigerte und der künstlichen Ernährung durch die Nasensonde ganz ungewöhnliche Schwierigkeiten entgegensetzte. Eine Narkose wurde sogar nötig, um die Sonde einführen zu können. Der Kranke konnte nämlich in eigentümlicher Weise die Zunge sozusagen verschlucken, das heißt, rückwärts in den Schlund pressen, was mir damals ein ganz neues und unbekanntes Faktum war. In einem luziden Intervall erfuhr ich von dem Kranken Folgendes: Als Junge beschäftigte er sich oft mit der Idee, wie er sich das Leben nehmen könnte, auch wenn man ihn in jeder nur denkbaren Weise daran hinderte. Er versuchte es zunächst mit Atemanhalten, bis er fand, dass er im Zustand einer halben Bewusstlosigkeit dann doch wieder zu atmen anfing. Er gab daher diese Versuche auf und dachte, vielleicht ginge es mit Nahrungsverweigerung. Diese Phantasie befriedigte ihn so lange, bis er herausfand, dass man ihm Nahrung durch den Nasenrachenraum eingießen könnte. Daher sann er nun darauf, wie man diesen Zugang abschließen könnte. So kam er auf den Gedanken, die Zunge nach rückwärts zu pressen. Das wollte zunächst aber nicht gelingen, deshalb begann er regelmäßige Übungen anzustellen, und es gelang ihm, die Zunge etwa so zu verschlucken, wie dies gelegentlich unabsichtlich in Narkosen geschieht, offenbar durch eine völlige, künstliche Erschlaffung der Zungengrundmuskulatur.

Auf diese seltsame Weise bereitete sich der Junge auf seine zukünftige Psychose vor. Er ist nach dem zweiten Anfall unheilbar geisteskrank geworden. Dieses Beispiel anstelle von vielen anderen möge zeigen, wie der spätere, anscheinend plötzliche Einbruch fremder Inhalte keineswegs wirklich plötzlich, sondern vielmehr das Ergebnis einer jahrelangen, unbewussten Entwicklung war.

Die große Frage ist nun: Worin bestehen die unbewussten Vorgänge? Und wie sind sie beschaffen? Solange sie unbewusst sind, kann natürlich nichts über sie ausgesagt werden. Gelegentlich aber manifestieren sie sich, teils durch Symptome, teils durch Handlungen, Meinungen, Affekte, Phantasien und Träume. Durch solche Beobachtungsmaterialien unterstützt, vermögen wir indirekte Schlüsse auf den jeweiligen Stand und die jeweilige Beschaffenheit der unbewussten Vorgänge und Entwicklungen zu ziehen. Dabei darf man sich allerdings nicht der Illusion hingeben, man hätte nun die *wirkliche Natur* der unbewussten Vorgänge erkannt. Wir gelangen nie weiter als bis zu einem Gleichsam-alsob.

»Ins Inn're der Natur dringt kein erschaffener Geist«, auch nicht ins Unbewusste. Wir wissen aber, dass das Unbewusste nie ruht. Es scheint immer am Werk zu sein; selbst wenn wir schlafen, träumen wir noch. Es gibt zwar viele Leute, die behaupten, dass sie in der Regel nie träumen; es ist aber höchstwahrscheinlich, dass sie sich bloß ihrer Träume nicht erinnern. Es ist sogar eine auffallende Tatsache, dass Leute, die im Schlaf reden, sich entweder an einen mit dem Reden korrespondierenden Traum meistens nicht entsinnen oder überhaupt an die Tatsache, dass sie geträumt haben, sich nicht erinnern können. Es vergeht gewiss kein Tag, an dem wir uns nicht das eine oder andere Mal versprechen, dass unserem Gedächtnis etwas entfällt, das zu andern Zeiten selbstverständlich gegenwärtig ist, dass uns eine Laune befällt, deren Ursprung wir nicht kennen und so weiter. Dies sind Symptome einer zusammenhängenden unbewussten Tätigkeit, die nachts in den Träumen direkt sichtbar wird, am Tage aber nur gelegentlich die vom Bewusstsein ausgehende Hemmung durchbricht.

Soweit unsere heutige Erfahrung reicht, können wir die Behauptung aufstellen, dass die *unbewussten Vorgänge in einer kompensatorischen Beziehung zum Bewusstsein stehen.* Ich gebrauche ausdrücklich das Wort »kompensatorisch« und nicht das Wort »kontrastierend«, weil Bewusst und Unbewusst nicht notwendigerweise in einem Gegensatz zueinander stehen, sondern sie ergänzen sich gegenseitig zu einem Ganzen, zum *Selbst.* Gemäß dieser Definition ist daher das Selbst eine dem bewussten Ich übergeordnete Größe. Es umfasst nicht nur die bewusste, sondern auch die unbewusste Psyche und ist daher sozusagen eine Persönlichkeit, die wir *auch* sind. Wir können uns wohl vorstellen, dass wir Teilseelen besitzen. So können wir zum Beispiel ohne Schwierigkeiten uns selber als Persona sehen. Aber es übersteigt unser Vorstellungsvermögen, uns klarzumachen, was wir als Selbst sind, denn zu dieser Operation müsste der Teil das Ganze begreifen können. Es besteht auch keine Hoffnung, dass wir je auch nur eine annähernde Bewusstheit des Selbst erreichen, denn, so viel wir auch bewusst machen mögen, immer wird noch eine unbestimmte und unbestimmbare Menge von Unbewusstem vorhanden sein, welches mit zur Totalität des Selbst gehört. Und so wird das Selbst stets eine uns übergeordnete Größe bleiben.

Die das bewusste Ich kompensierenden unbewussten Vorgänge enthalten alle jene Elemente, die zur Selbstregulierung der Gesamtpsyche nötig sind. Auf persönlicher Stufe sind es die im Bewusstsein nicht anerkannten persönlichen Motive, welche in den Träumen erscheinen, oder es sind Bedeutungen von Tagessituationen, die wir übersehen haben, oder Schlüsse, die wir nicht gezogen, oder Affekte, die wir uns nicht gestattet, oder Kritiken, die wir uns erspart haben. Je mehr man sich aber durch Selbsterkenntnis und dementsprechendes Handeln seiner selbst bewusst wird, desto mehr verschwindet jene dem kollektiven Unbewussten aufgelagerte Schicht des persönlichen Unbewussten. Dadurch entsteht ein Bewusstsein, das nicht mehr in einer kleinlichen und persönlich empfindlichen Ich-Welt befangen ist, sondern an einer weiteren Welt, am Objekte, teilnimmt. Dieses weitere Bewusstsein ist nicht mehr jener empfindliche, egoistische Knäuel von persönlichen Wünschen, Befürchtungen, Hoffnungen und Ambitionen, der durch unbewusste persönliche Gegentendenzen kompensiert oder etwa auch korrigiert werden muss, sondern es ist eine mit dem Objekt, der Welt, verknüpfte Beziehungsfunktion, welche das Individuum in eine unbedingte, verpflichtende und unauflösbare Gemeinschaft mit der Welt versetzt. Die auf dieser Stufe entstehenden Verwicklungen sind nicht mehr egoistische Wunschkonflikte, sondern Schwierigkeiten, die sowohl mich wie den andern angehen. Es handelt sich auf dieser Stufe in letzter Linie um kollektive Probleme, welche das kollektive Unbewusste in Bewegung setzen, weil sie einer kollektiven und nicht einer persönlichen Kompensation bedürfen. Hier können wir es nun erleben, dass das Unbewusste Inhalte produziert, die nicht bloß für den betreffenden Einzelnen, sondern auch für die andern, ja sogar für viele und vielleicht für alle gültig sind.

Die in den Urwäldern des Elgon hausenden Elgonyi haben mir erklärt, dass es zwei Arten von Träumen gebe: den gewöhnlichen Traum des kleinen Mannes und die »große Vision«, die nur der große Mann habe, zum Beispiel der Zauberer oder der Häuptling. An den kleinen Träumen liegt nichts. Wenn aber einer einen »großen Traum« hatte, so rief er den Stamm zusammen, um den Traum allen zu erzählen.

Woher weiß nun einer, ob sein Traum »groß« oder »klein« ist? Er weiß es aus einem instinktiven Gefühl von Bedeutsamkeit. Er fühlt sich vom Eindruck so sehr überwältigt, dass er gar nicht daran denkt, den Traum für sich zu behalten. Er *muss* ihn erzählen, in der psychologisch richtigen Annahme, dass er für alle von Bedeutung sei. Der kollektive Traum hat auch bei uns eine Gefühlsbedeutung, die nach Mitteilung drängt. Er geht aus einem Beziehungskonflikt hervor und muss daher in die bewusste Beziehung hineingebracht werden, weil er diese kompensiert und nicht bloß eine innere persönliche Schiefheit.

Die Vorgänge des kollektiven Unbewussten beschäftigen sich aber nicht nur mit den mehr oder weniger persönlichen Beziehungen eines Individuums zu seiner Familie oder seiner weiteren Gesellschaftsgruppe, sondern auch mit seinen Beziehungen zur Gesellschaft – mit der menschlichen Gesellschaft überhaupt. Je allgemeiner und unpersönlicher die Bedingung ist, welche die unbewusste Reaktion auslöst, desto bedeutsamer, fremdartiger und überwältigender wird die kompensatorische Manifestation sein. Sie drängt nicht nur zu privater Mitteilung, sondern zur Offenbarung, zum Bekenntnis, ja sie zwingt sogar zu einer darstellenden Rolle.

Wie das Unbewusste Beziehungen kompensiert, kann ein Beispiel erläutern: Ich behandelte einmal einen etwas arroganten Herrn. Er leitete zusammen mit seinem jüngeren Bruder ein Geschäft. Zwischen den Brüdern bestand ein sehr gespanntes Verhältnis, das unter anderem eine wesentliche Ursache der Neurose meines Patienten war. Es wurde mir aus den Angaben des Patienten nicht ganz klar, was der wirkliche Grund der Spannung war. Er hatte allerhand an seinem Bruder zu kritisieren, auch entwarf er ein nicht zu günstiges Bild von dessen Begabung. Der Bruder trat häufig in seinen Träumen auf, und zwar jeweils in der Rolle eines Bismarck, Napoleon oder Julius Cäsar. Sein Haus erschien als der Vatikan oder Yildiz Kiosk. Sein Unbewusstes hatte also offenbar das Bedürfnis, den Rang des jüngeren Bruders wesentlich zu erhöhen. Daraus schloss ich, dass mein Patient sich zu hoch und seinen Bruder zu niedrig einschätzte. Der weitere Verlauf der Analyse gab diesem Schluss in jeder Hinsicht recht.

Eine junge Patientin, die schwärmerisch an ihrer Mutter hing, hatte immer sehr ungünstige Träume von ihr: Sie erschien im Traum als Hexe, als Gespenst, als Verfolgerin. Die Mutter hatte die Tochter über alles Maß verwöhnt und durch ihre Zärtlichkeit so verblendet, dass diese den schädlichen Einfluss der Mutter bewusst nicht einsehen konnte, weshalb das Unbewusste kompensierende Kritik an der Mutter übte.

Es ist mir selber einmal passiert, dass ich eine Patientin intellektuell sowohl wie moralisch zu tief einschätzte. Im Traum sah ich ein Schloss auf einem hohen Felsen. Auf dem höchsten Turm war eine Loggia, und dort saß meine Patientin. Ich zögerte nicht, ihr diesen Traum sofort mitzuteilen; natürlich mit dem besten Erfolg.

Bekanntlich blamiert man sich gerne gerade vor Leuten, die man ungerechtfertigterweise unterschätzt. Das Umgekehrte kann natürlich auch der Fall sein, wie es zum Beispiel einem meiner Freunde geschah. Als blutjunger Student erbat er sich eine Audienz bei »Exzellenz« Virchow. Wie er nun angstbebend sich jenem vorstellen und seinen Namen nennen wollte, sagte er: »Mein Name ist Virchow«. Worauf Exzellenz, boshaft lächelnd, sagte: »Ach, heißen Sie auch Virchow?« Das Gefühl der eigenen Nichtigkeit ging offenbar dem Unbewussten meines Freundes zu weit, weshalb es ihn alsbald veranlasste, sich Virchow als identische Größe vorzustellen.

In diesen mehr persönlichen Beziehungen bedarf es natürlich nicht gerade sehr kollektiver Kompensationen. Im ersterwähnten Falle dagegen sind die vom Unbewussten verwendeten Figuren von sehr kollektiver Natur: Es sind allgemein anerkannte Heroen. In diesem Fall sind nun zwei Deutungsmöglichkeiten vorhanden: Entweder ist der jüngere Bruder meines Patienten ein Mann von anerkannter und weitreichender kollektiver Bedeutung oder mein Patient leidet an Selbstüberschätzung in Bezug auf jedermann und nicht bloß in Bezug auf seinen Bruder. Für die erstere Annahme bestanden keine Anhaltspunkte, für die letztere sprach schon der Augenschein. Da die große Arroganz meines Patienten nicht nur persönlich seinem Bruder, sondern auch einer weiteren Gesellschaftsgruppe galt, so bediente sich die Kompensation eines kollektiven Bildes.

Dasselbe gilt für den zweiten Fall. »Hexe« ist ein kollektives Bild, daher müssen wir schließen, dass die blinde Anhänglichkeit der jungen Patientin nicht nur persönlich der Mutter galt, sondern auch einer weiteren sozialen Gruppe gegenüber. Dies war insofern der Fall, als das Mädchen noch in einer ausschließlich infantilen Welt lebte, die noch ganz mit den Eltern identisch war. Die angeführten Beispiele betreffen Beziehungen im Rahmen des Persönlichen. Es gibt nun aber auch unpersönliche Beziehungen, welche gelegentlich einer unbewussten Kompensation bedürfen. In solchen Fällen treten kollektive Bilder auf, welche mehr oder weniger mythologischen Charakter haben. Moralische, philosophische und religiöse Probleme pflegen wohl am ehesten, eben wegen ihres allgemeingültigen Charakters, mythologische Kompensationen hervorzurufen. In dem oben erwähnten Buche von H. G. Wells begegnen wir einer geradezu klassischen Kompensation: Preemby, eine Duodezausgabe von Persönlichkeit, entdeckt, dass er eigentlich die Reinkarnation Sargons, des Königs der Könige, ist. Glücklicherweise hat das Genie des Autors den armen Sargon vom Fluch pathologischer Lächerlichkeit errettet und dem Leser sogar die Möglichkeit gezeigt, den tragischen und ewigen Sinn in dieser lamentablen Absurdität zu erkennen: Mr. Preemby, ein reines Nichts, hat sich als Durchgangspunkt aller vergangenen und kommenden Zeitalter erkannt. Mit einer leichten Verrücktheit ist diese Erkenntnis nicht zu schwer bezahlt, vorausgesetzt, dass der kleine Preemby von dem Monstrum eines Urbildes nicht endgültig aufgeschluckt wird, was ihm aber beinahe passiert wäre.

Das allgemeine Problem des Übels und der Sünde ist ein anderer Aspekt unserer unpersönlichen Beziehungen zur Welt. Dieses Problem erzeugt daher kollektive Kompensationen wie fast kein anderes. Als Initialsymptom seiner schweren Zwangsneurose hatte ein Patient in seinem 16. Lebensjahr folgenden Traum: *Er geht auf einer unbekannten Straße. Es ist dunkel. Er hört Schritte hinter sich kommen. Er geht schneller, leise ängstlich. Die Schritte nähern sich, und seine Angst wächst. Er fängt an zu laufen. Aber die Schritte scheinen ihn einzuholen. Schließlich dreht er sich um, und da sieht er den Teufel. In seiner Todesangst springt er in die Luft und bleibt dort hängen.* Dieser Traum wiederholte sich zweimal, zum Zeichen seiner besonderen Wichtigkeit.

Bekanntlich hat die Zwangsneurose durch ihre Skrupulosität und zeremonielle Zwanghaftigkeit nicht nur den oberflächlichen Anschein eines moralischen Problemes, sondern sie steckt auch innerlich voll von Unmenschlichkeit, Kriminalität und ruchlos Üblem, gegen dessen Integration sich die im Übrigen fein organisierte Persönlichkeit verzweifelt sträubt. Aus diesem Grunde muss dann so vieles in zeremoniell »richtiger« Weise gemacht werden, gewissermaßen als Gegengewicht gegen das Böse, das drohend im Hintergrund steht. Nach diesem Traum begann die Neurose, die im Wesentlichen darin bestand, dass sich der Patient, wie er sich ausdrückte, in einem »provisorischen« oder »unkontaminierten« reinen Zustand erhielt, indem er den Kontakt mit der Welt und allem, was an Vergänglichkeit erinnerte, durch wahnsinnige Umständlichkeit, skrupulöse Reinigungszeremonien und ängstliche Beobachtung zahlloser, über alle Maßen komplizierter Gebote aufhob oder »ungültig« machte. Noch bevor der Patient das ihm bevorstehende Höllendasein ahnte, zeigte ihm der Traum, dass es sich für ihn um einen Pakt mit dem Bösen handelte, wenn er wieder auf die Erde zurückkommen wollte.

Ich habe andernorts einen Traum erwähnt, der die Kompensation eines religiösen Problems bei einem jungen Theologiestudenten darstellt.[38] Es handelte sich bei ihm um allerhand Glaubensschwierigkeiten, wie sie bei einem modernen Menschen nicht ungewöhnlich sind. Im Traum nun war er der Schüler des »weißen Magiers«, der aber schwarz gekleidet war. Dieser belehrte ihn bis zu einem gewissen Punkt, wo er sagte, hier bedürften sie nun des »schwarzen Magiers«. Der schwarze Magier erschien, war aber weiß gekleidet. Er behauptete, die Schlüssel des Paradieses gefunden zu haben, bedürfe aber der Weisheit des weißen Magiers, um zu erfahren, was er mit dem Schlüssel anfangen könne. Dieser Traum enthält offenbar das Gegensatzproblem, das in der taoistischen Philosophie bekanntlich eine so ganz andere Lösung gefunden hat als in unsern westlichen Anschauungen. Die Figuren, die der Traum verwendet, sind unpersönliche, kollektive Bilder, entsprechend der Natur des unpersönlichen religiösen Problems. Im Gegensatz zur christlichen Anschauung hebt der Traum die Relativität von Gut und Böse in einer Weise hervor, die ohne weiteres an das bekannte taoistische Symbol von Yang und Yin erinnert.

Man darf aus solchen Kompensationen nun allerdings nicht schließen, dass das Unbewusste, je weiter das Bewusstsein sich in universale Probleme verliert, auch ebenso weitreichende Kompensationen hervorbringe. Es gibt nämlich eine – wenn man so sagen darf – *legitime* und eine *illegitime* Beschäftigung mit unpersönlichen Problemen. Legitim sind solche Exkursionen nur dann, wenn sie aus tiefstem und wahrstem individuellen Bedürfnis hervorgehen; illegitim dagegen, wenn sie entweder bloß intellektuelle Neugier oder Fluchtversuche aus einer unangenehmen Wirklichkeit sind. In letzterem Falle produziert das Unbewusste allzu menschliche und nur persönliche Kompensationen, welche den offensichtlichen Zweck haben, das Bewusstsein auf das Alltägliche zurückzuführen. Solche Personen, die illegitimerweise im Unendlichen schwärmen, haben oft lächerlich banale Träume, welche den Über-

[38] Vgl. Über die Archetypen des kollektiven Unbewußten, GW 9/I, §§ 70 ff.; Zur Phänomenologie des Geistes im Märchen, GW 9/I, §§ 398 f.; Psychologie und Erziehung, GW 17, §§ 208 f.

schwang zu dämpfen versuchen. So können wir aus der Natur der Kompensation ohne weiteres auf die Ernsthaftigkeit und Berechtigung der bewussten Strebungen schließen.

Es gibt gewiss nicht wenige, die sich scheuen anzunehmen, dass das Unbewusste gewissermaßen »große« Gedanken haben könnte. Man wird mir einwenden: »Aber glauben Sie wirklich, dass das Unbewusste imstande ist, eine sozusagen konstruktive Kritik unserer abendländischen Geistesart hervorzubringen?« Gewiss, wenn man dieses Problem intellektuell fasst und dem Unbewussten rationalistische Absichten imputiert, so wird die Sache absurd. Man darf dem Unbewussten sicher keine Bewusstseinspsychologie unterschieben. Seine Mentalität ist eine instinktive; es hat keine differenzierten Funktionen; es *denkt* nicht in der Art, wie wir »Denken« verstehen. Es erschafft bloß ein der Bewusstseinslage antwortendes Bild, das ebenso viel Idee wie Gefühl enthält und alles ist, nur kein rationalistisches Überlegungsprodukt. Man könnte ein solches Bild eher als eine *künstlerische* Vision bezeichnen. Man vergisst leicht, dass ein Problem wie das, welches dem zuletzt angeführten Traum zugrunde liegt, auch im Bewusstsein des Träumers keine intellektuelle, sondern eine tief emotionale Frage ist. Das ethische Problem ist für einen moralischen Menschen eine leidenschaftliche Frage, die in den tiefsten Triebvorgängen sowohl wie in seinen idealsten Aspirationen wurzelt. Für ihn ist das Problem erschütternd wirklich. Kein Wunder daher, wenn auch die Tiefen seiner Natur darauf antworten. Die Tatsache, dass jedermann meint, seine Psychologie sei der Maßstab aller Dinge, und, wenn dieser Jedermann zufällig ein Flachkopf sein sollte, dass ein solches Problem in seiner Beobachtung überhaupt nicht vorkommt, kann den Psychologen nicht weiter kümmern, denn er muss die objektiv vorkommenden Dinge so nehmen, wie sie sind, ohne sie zugunsten einer subjektiven Voraussetzung zu verkrüppeln. So gut nun solche reichere und umfänglichere Naturen legitimerweise von einem unpersönlichen Problem ergriffen sein können, ebenso gut kann auch ihr Unbewusstes im selben Stile antworten; und ebenso, wie sich das

Bewusstsein die Frage vorlegen kann: Warum besteht dieser furchtbare Konflikt zwischen Gut und Böse?, so kann das Unbewusste darauf antworten: »Schau dir's genau an: Die beiden haben einander nötig; auch im Besten, ja geradezu im Besten ist der Keim des Bösen, und nichts ist so schlecht, dass nicht ein Gutes daraus erfolgen könnte.«

Dem Träumer könnte es dämmern, dass der anscheinend unlösbare Konflikt vielleicht ein Praejudicium einer von Zeit und Ort abhängigen Geistesartung ist. Das anscheinend komplizierte Traumbild könnte sich leicht als ein anschaulicher instinktiver common sense entschleiern, als ein bloßer Ansatz zu einem vernünftigen Gedanken, den ein reiferer Geist vielleicht ebenso gut bewusst hätte denken können. Jedenfalls hat die chinesische Philosophie ihn schon längst gedacht. Die seltsam treffende bildhafte Gestaltung des Gedankens ist die Prärogative jenes primitiven, natürlichen Geistes, der in uns allen lebt und nur durch ein einseitig entwickeltes Bewusstsein verdunkelt ist. Wenn wir die vom Unbewussten hervorgebrachten Kompensationen unter diesem Gesichtswinkel betrachten, so könnte dieser Betrachtungsweise mit Recht vorgeworfen werden, sie beurteile das Unbewusste zu sehr vom Standpunkte des Bewusstseins. Tatsächlich ging ich in dieser Überlegung immer vom Standpunkte aus, dass das Unbewusste auf die bewussten Inhalte gewissermaßen bloß reagiere, allerdings in einer sehr sinnreichen Weise, aber eben doch der eigenen Initiative ermangle. Es ist nun keineswegs meine Absicht, den Eindruck zu erwecken, als ob ich wirklich der Überzeugung sei, dass das Unbewusste in *allen Fällen* bloß reaktiv sei. Es gibt im Gegenteil sehr viele Erfahrungen, die zu beweisen scheinen, dass das Unbewusste nicht nur spontan sein, sondern sogar die Führung sich aneignen kann. Es gibt unzählige Fälle, wo Leute in einer kleinlichen Unbewusstheit verharrten, um schließlich darin neurotisch zu werden. Durch die vom Unbewussten verursachte Neurose werden sie aus ihrer Dumpfheit herausgetrieben, sehr oft gegen ihre eigene Faulheit oder gegen ihren verzweifelten Widerstand.

Man würde meines Erachtens allerdings fehlgehen in der Annahme, dass in solchen Fällen das Unbewusste gewissermaßen nach einem überlegten, allgemeinen Plane handle und bestimmte Ziele und deren Verwirklichung erstrebe. Ich habe nichts gefunden, was diese Annahme bestätigen könnte. Das treibende Motiv, soweit es uns möglich ist, ein solches zu erfassen, scheint wesentlich nur ein Trieb zur Selbstverwirklichung zu sein. Wenn es sich um einen allgemeinen (teleologisch zu denkenden) Plan handelte, so müssten wohl alle Individuen, die sich noch einer übermäßigen Unbewusstheit erfreuen, durch einen unwiderstehlichen Drang zu höherer Bewusstheit getrieben werden. Das ist nun ganz offenkundig nicht der Fall. Ganzen Bevölkerungsschichten kommt es, trotz notorischer Unbewusstheit, nicht bei, neurotisch zu werden. Die Wenigen, die von solchem Schicksal betroffen werden, sind eigentlich »höhere« Menschen, die aber aus irgendwelchen Gründen zu lange auf einer primitiven Stufe geblieben sind. Ihre Natur ertrug es auf die Dauer nicht, in einer für sie unnatürlichen Dumpfheit zu verharren. Infolge der Enge ihres Bewusstseins und der Beschränktheit ihres Daseins und Lebens ersparten sie Energie, die sich unbewusst allmählich aufstaute und schließlich in Form einer mehr oder weniger akuten Neurose explodierte. Hinter diesem einfachen Mechanismus braucht nicht notwendigerweise ein »Plan« zu liegen. Ein ohne weiteres verstehbarer Drang zur Selbstverwirklichung dürfte zur Erklärung vollkommen genügen. Man könnte auch von einer verspäteten Reifung der Persönlichkeit sprechen.

Insofern es nun höchstwahrscheinlich ist, dass wir noch ziemlich weit davon entfernt sind, den Gipfel absoluter Bewusstheit erklommen zu haben, so ist jedermann noch einer weiteren Bewusstheit fähig, weshalb man auch annehmen kann, dass die unbewussten Vorgänge immer und überall Inhalte an das Bewusstsein heranführen, die, wenn erkannt, den Umfang des Bewusstseins vergrößern würden. In dieser Weise betrachtet, erscheint das Unbewusste wie ein Erfahrungsgebiet von unbestimmter Ausdehnung. Wäre es bloß reaktiv zum Bewusstsein, so könnte man es passend als eine *psychische Spiegelwelt* bezeichnen. In diesem Falle läge die wesentliche Quelle aller Inhalte und Tätigkeiten im Bewusstsein, und es wäre im Unbewussten schlechterdings nichts anderes aufzufinden als bestenfalls verzerrte Spiegelbilder bewusster Inhalte. Der schöpferische Prozess wäre im Bewusstsein eingeschlossen, und alles Neue wäre nichts anderes als bewusste Erfindung oder Erklügelung. Die Erfahrungstatsachen sprechen dagegen. Jeder schöpferische Mensch weiß, dass Unwillkürlichkeit die wesentliche Eigenschaft des schöpferischen Gedankens ist. Weil das Unbewusste nicht bloß reaktive Spiegelung, sondern selbständige, produktive Tätigkeit ist, so ist sein Erfahrungsgebiet eine eigene Welt, eine eigene Realität, von der wir aussagen können, dass sie auf uns wirke, wie wir auf sie wirken, dasselbe, was wir vom Erfahrungsgebiet der äußeren Welt aussagen. Und wie in dieser die materiellen Gegenstände die sie konstituierenden Elemente sind, so sind die psychischen Faktoren die Gegenstände in jener Welt.

Der Gedanke der psychischen Gegenständlichkeit ist keineswegs eine neue Entdeckung, sondern vielmehr eine der frühesten und allgemeinsten »Errungenschaften« der Menschheit: Es ist die Überzeugung von einer konkret existierenden *Geisterwelt*. Die Geisterwelt war allerdings nie eine Entdeckung, wie zum Beispiel die des Feuerbohrens, sondern es war die Erfahrung oder Bewusstmachung einer Realität, welche der der materiellen Welt in nichts nachgab. Ich zweifle, ob es überhaupt Primitive gibt, welche »magische Wirkung« oder »magische Substanz« nicht kennen. (»Magisch« ist bloß ein anderes Wort für psychisch.) Es scheint auch, dass so ziemlich alle um die Existenz von Geistern wissen.[39] »Geist« ist eine psychische Tatsache. Wie wir unsere eigene Körperlichkeit von fremden Körpern unterscheiden, so machen die Primitiven (wenn sie überhaupt etwas von einer »Seele« wissen) einen Unterschied zwischen ihren Seelen und den Geistern, wobei Letztere als

[39] Bei negativen Berichten ist immer an die Tatsache zu denken, dass die Geisterfurcht gegebenenfalls so groß ist, dass die Leute sogar leugnen, Geisterfurcht zu haben. Ich habe dies selber bei den Elgonbewohnern gesehen.

fremd und unzugehörig empfunden werden. Sie sind Gegenstand der äußeren Wahrnehmung, während die eigene Seele (oder eine der verschiedenen Seelen, wenn deren mehrere angenommen werden), die als den Geistern wesensverwandt verstanden wird, in der Regel nicht Gegenstand einer angeblich sinnlichen Wahrnehmung ist. Die Seele (oder eine der verschiedenen Seelen) wird nach dem Tode zu einem Geist, der den Toten überlebt, und zwar häufig mit einer charakterologischen Verschlechterung, die dem Gedanken einer persönlichen Unsterblichkeit zum Teil widerspricht. Die Batak[40] sagen sogar geradezu, dass Menschen, die im Leben gut waren, als Geister übelwollend und gefährlich werden. Ungefähr alles, was die Primitiven von Schabernack, den die Geister den Lebenden spielen, aussagen, überhaupt das Bild, das sie von den »Revenants« entwickeln, entspricht bis in Einzelheiten den Phänomenen, welche die spiritistische Erfahrung festgestellt hat. Und wie die Mitteilungen spiritistischer »Geister« erkennen lassen, dass es sich um Aktivitäten psychischer Teilstücke handelt, so sind auch die primitiven Geister Manifestationen unbewusster Komplexe.[41] Die Wichtigkeit, welche die moderne Psychologie dem »Elternkomplex« beimisst, ist eine unmittelbare Fortsetzung der primitiven Erfahrung von der gefährlichen Wirksamkeit der Elterngeister. Selbst der Urteilsfehler, den die Primitiven mit der (nicht gedachten) Annahme, dass die Geister Realitäten der Außenwelt seien, machen, findet seine Fortsetzung in unserer (nur zum Teil richtigen) Annahme, dass die wirklichen Eltern für den Elternkomplex verantwortlich seien. In der alten Traumatheorie der Freud'schen Psychoanalyse, und selbst über diese hinaus, galt diese Annahme sogar als wissenschaftliche Erklärung. (Um diese Unklarheit zu vermeiden, habe ich den Ausdruck »Elternimago«[42] vorgeschlagen.)

40 Warneck: Die Religion der Batak, 1909.

41 Vgl. Die psychologischen Grundlagen des Geisterglaubens, GW 8; siehe auch Jaffé: Geistererscheinungen und Vorzeichen, 1958.

42 Dieser Ausdruck wurde von der Psychoanalyse übernommen, während er in der analytischen Psychologie durch die Ausdrücke »Urbild« und »Eltern-Archetypus« ersetzt wurde.

Dem naiven Menschen ist es natürlich nicht bewusst, dass die ihn unmittelbar beeinflussenden nächsten Angehörigen ein *Bild* in ihm erzeugen, das sich nur zum Teil mit diesen deckt, zum andern Teil aber aus Material geschaffen ist, welches aus dem Subjekt selber stammt. Die *Imago* entsteht aus den Einwirkungen der Eltern und aus den spezifischen Reaktionen des Kindes; sie ist daher ein das Objekt nur sehr bedingt wiedergebendes Bild. Der naive Mensch ist natürlich des Glaubens, dass die Eltern so sind, wie er sie sieht. Das Bild ist unbewusst projiziert, und wenn die Eltern sterben, so wirkt das projizierte Bild weiter, wie wenn es ein an und für sich existierender Geist wäre. Der Primitive spricht dann von den Elterngeistern, die in der Nacht zurückkehren (»Revenants«), der Moderne aber nennt dies Vater- oder Mutterkomplex.

Je beschränkter das Bewusstseinsfeld eines Menschen ist, desto mehr psychische Inhalte (»Imagines«) erscheinen quasi außerhalb entweder als Geister oder als magische Potenzen, die auf Lebende (Zauberer, Hexen) projiziert sind. Auf einer gewissen höheren Stufe der Entwicklung, wo bereits Seelenvorstellungen vorhanden sind, sind auch nicht mehr schlechthin alle Imagines projiziert (wo dies der Fall ist, reden sogar die Bäume und Steine miteinander), sondern der eine oder andere Komplex ist dem Bewusstsein wenigstens so weit angenähert, dass er nicht mehr als fremdartig, sondern vielmehr als zugehörig empfunden wird. Jedoch geht dieses Gefühl der Zugehörigkeit zunächst nicht so weit, dass der betreffende Komplex als ein subjektiver Bewusstseinsinhalt empfunden wird. Er bleibt gewissermaßen zwischen dem Bewussten und dem Unbewussten stehen, sozusagen im Halbschatten, zwar dem Subjekt des Bewusstseins einerseits zugehörig oder verwandt, andererseits aber doch eine autonome Existenz und als solche dem Bewusstsein entgegentretend, jedenfalls der subjektiven Intention nicht notwendigerweise gehorchend, sondern ihr vielleicht sogar übergeordnet, öfters eine Quelle der Inspiration, der Warnung oder der »übernatürlichen« Information. Psychologisch wäre ein solcher Inhalt als ein teilweise autonomer Komplex, der dem Bewusstsein noch nicht völlig integriert ist, zu erklären. Die primitiven Seelen, die ägyptischen Ba und Ka, sind solche Komplexe. Auf höherer Stufe und namentlich bei allen westlichen Kulturvölkern ist dieser Komplex stets ein Femininum (anima und im Griechischen psychē), gewiss nicht ohne tiefere und bedeutsame Gründe.

6. Anima und Animus

Unter den möglichen Geistern sind die Elterngeister die praktisch wichtigsten, daher der universal verbreitete *Ahnenkult*, welcher ursprünglich der Beschwichtigung der »Revenants« diente, auf höherer Stufe aber zu einer wesentlich moralischen und erzieherischen Institution wurde (China!). Die Eltern sind für das Kind die nächsten und einflussreichsten Angehörigen. Im erwachsenen Alter aber wird dieser Einfluss abgespalten, die Eltern-Imagines werden daher womöglich noch mehr vom Bewusstsein abgedrängt und erhalten, wegen ihres nachwirkenden, vielleicht sogar unterdrückenden Einflusses, leicht ein negatives Vorzeichen. Auf diese Weise bleiben die Eltern-Imagines als fremdartig in einem psychischen »Außen« stehen. Was dem erwachsenen Mann als unmittelbarer Umgebungseinfluss aber nunmehr anstelle der Eltern tritt, ist die *Frau*. Sie begleitet den Mann, sie ist zugehörig, insofern sie mitlebt und mehr oder weniger von gleicher Altersstufe ist; sie ist nicht übergeordnet, weder durch Alter noch durch Autorität oder physische Kraft. Sie ist aber ein einflussreicher Faktor, der, wie die Eltern, eine Imago relativ autonomer Natur erzeugt, aber nicht eine Imago, welche, wie die der Eltern, abzuspalten, sondern vielmehr dem Bewusstsein assoziiert zu erhalten ist. Die Frau mit ihrer der männlichen so unähnlichen Psychologie ist (und war stets) eine Quelle der Information über Dinge, für die der Mann keine Augen hat. Sie kann ihm Inspiration bedeuten; ihr dem männlichen oft überlegenes Ahnungsvermögen kann ihm nützliche

Warnung geben, und ihr aufs Persönliche orientiertes Gefühl vermag ihm Wege zu zeigen, die seinem persönlich wenig bezogenen Gefühl unauffindbar wären. Was Tacitus über die germanischen Frauen sagt, ist in dieser Hinsicht durchaus zutreffend.[43]

Hier liegt zweifellos eine der Hauptquellen für die feminine Qualität der Seele. Es scheint aber nicht die einzige Quelle zu sein. Kein Mann nämlich ist so ganz nur männlich, dass er nichts Weibliches in sich besäße. Tatsache ist vielmehr, dass gerade sehr männliche Männer (allerdings wohl behütet und versteckt) ein sehr weiches (oft zu Unrecht als »weiblich« bezeichnetes) Gemütsleben besitzen. Es gilt dem Mann als Tugend, weibliche Züge möglichst zu verdrängen, wie es der Frau, bisher wenigstens, für unbekömmlich galt, ein Mannweib zu sein. Die Verdrängung weiblicher Züge und Neigungen führt natürlich zu einer Anhäufung dieser Ansprüche im Unbewussten. Die Imago der Frau (die Seele) wird ebenso natürlich zum Receptaculum dieser Ansprüche, weshalb der Mann in seiner Liebeswahl öfters der Versuchung unterliegt, jene Frau zu gewinnen, die der besonderen Art seiner eigenen unbewussten Weiblichkeit am besten entspricht, eine Frau also, welche die Projektion seiner Seele möglichst anstandslos aufnehmen kann. Trotzdem eine solche Wahl des Öfteren als ein Idealfall angesehen und empfunden wird, so kann es auch ebenso gut seine eigene schlimmste Schwäche sein, die der Mann auf diese Weise sichtbar heiratet. (Dies dürfte manche höchst merkwürdige Ehe erklären!)

Es scheint mir nun, dass es neben dem Einfluss der Frau auch die eigene Weiblichkeit des Mannes ist, welche die Tatsache der Femininität des Seelenkomplexes erklärt. Es dürfte sich dabei nicht um eine bloß linguistische »Zufälligkeit« handeln, etwa in der Art wie Sonne im Deutschen femininum, in andern Sprachen aber masculinum ist, sondern wir haben dafür die Zeugnisse der Kunst aus allen Zeiten – und überdies die berühmte Frage: habet mulier animam? Wohl die meisten Männer, die

[43] Vgl. Tacitus: Germania, 1929, §§ 18, 19.

überhaupt psychologische Einsicht besitzen, wissen, was Rider Haggard meint, wenn er von »She-who-must-be-obeyed« spricht, oder welche Saite in ihnen klingt, wenn sie Benoits Schilderung der Antinéa lesen.[44] Auch pflegen sie leicht zu wissen, welche Art von Frau diesen heimlichen, aber oft nur allzu deutlich geahnten Tatbestand am ehesten verkörpert.

Es ist gerade die weite Anerkennung, die solche Werke finden, welche darauf hinweist, dass in diesem Bilde der weiblichen Anima etwas Überindividuelles liegen muss, etwas, das nicht bloß individueller Einzigartigkeit ein ephemeres Dasein verdankt, sondern vielmehr ein Typisches ist, das irgendwo tiefere Wurzeln hat, als bloß die sichtbaren Oberflächenverknüpfungen, auf die ich eben hingewiesen habe. Rider Haggard sowohl wie Benoit drücken diese Ahnung unmissverständlich aus im *historischen Aspekt* ihrer Animafiguren.

Es gibt bekanntlich keine menschliche Erfahrung, und es ist auch gar keine Erfahrung möglich, ohne das Dazutreten einer subjektiven Bereitschaft. Worin besteht aber die subjektive Bereitschaft? Sie besteht in letzter Linie in einer angeborenen psychischen Struktur, die es dem Menschen erlaubt, überhaupt eine solche Erfahrung zu machen. So setzt das ganze Wesen des Mannes die Frau voraus, körperlich sowohl wie geistig. Sein System ist a priori auf die Frau eingestellt, ebenso wie es auf eine ganz bestimmte Welt, wo es Wasser, Licht, Luft, Salz, Kohlehydrate und so weiter gibt, vorbereitet ist. Die Form der Welt, in die er geboren wird, ist ihm bereits als *virtuelles Bild* eingeboren. Und so sind ihm Eltern, Frau, Kinder, Geburt und Tod als virtuelle Bilder, als psychische Bereitschaften eingeboren. Diese aprioristischen Kategorien sind natürlich kollektiver Natur, es sind Bilder von Eltern, Frau und Kindern im Allgemeinen und wohl keine individuellen Prädestinationen. So sind auch diese Bilder als inhaltlos und deshalb als unbewusst zu denken. Sie erreichen erst Inhalt, Einfluss und schließlich Bewusstheit dadurch,

[44] Vgl. Haggard: She, 1887, und Benoit: L'Atlantide, 1919.

dass sie auf empirische Tatsachen treffen, welche die unbewusste Bereitschaft berühren und zum Leben erwecken. Sie sind in gewissem Sinne die *Niederschläge aller Erfahrungen der Ahnenreihe, aber nicht diese Erfahrungen selbst.* So wenigstens erscheint es uns bei unserem derzeitigen beschränkten Wissen. (Ich muss gestehen, dass ich noch nie untrügliche Beweise für eine Vererbung von Erinnerungsbildern gefunden habe, aber ich halte es nicht für absolut ausgeschlossen, dass neben jenen kollektiven Niederschlägen, die nichts individuell Bestimmtes enthalten, auch individuell bestimmte Erinnerungsvererbungen vorkommen können.)

Es besteht ein ererbtes kollektives Bild der Frau im Unbewussten des Mannes, mit dessen Hilfe er das Wesen der Frau erfasst. Dieses ererbte Bild ist die dritte wichtige Quelle der Weiblichkeit der Seele.

Wie der Leser bereits verstanden haben wird, handelt es sich keineswegs um einen philosophischen oder gar religiösen Begriff der Seele, sondern um eine psychologische Anerkennung der Existenz eines halbbewussten psychischen Komplexes von zum Teil autonomer Funktion. Selbstverständlich hat diese Konstatierung mit einem philosophischen oder religiösen Begriff der Seele gerade so viel oder so wenig zu tun wie Psychologie mit Philosophie und Religion. Ich möchte mich hier auf keinen »Streit der Fakultäten« einlassen und etwa dem Philosophen oder Theologen zu beweisen versuchen, was das eigentlich ist, was er unter »Seele« versteht. Ich muss es aber beiden verwehren, dem Psychologen vorzuschreiben, was er unter »Seele« verstehen *sollte*. Die Qualität der persönlichen Unsterblichkeit, welche die religiöse Anschauung gerne der Seele beilegt, kann die Wissenschaft bloß als ein psychologisches Indicium anerkennen, das für sie im Begriffe der Autonomie eingeschlossen ist. Die Qualität der persönlichen Unsterblichkeit haftet der Seele in der primitiven Anschauung keineswegs immer an, nicht einmal Unsterblichkeit an sich. Ganz abgesehen von dieser der Wissenschaft unzugänglichen Anschauung bedeutet aber »Unsterblichkeit« zunächst bloß eine die Grenzen des Bewusstseins überschreitende psychische

Tätigkeit. »Jenseits des Grabes oder des Todes« bedeutet psychologisch »jenseits des Bewusstseins«, kann gar nichts anderes bedeuten, da ja die Aussage der Unsterblichkeit immer nur von einem lebenden Menschen gemacht wird, der als Lebender sowieso nicht in der Lage ist, aus einem Zustand »jenseits des Grabes« heraus zu reden.

Die Autonomie des Seelenkomplexes unterstützt natürlich die Vorstellung eines unsichtbaren, persönlichen Wesens, das anscheinend in einer von der unsrigen verschiedenen Welt lebt. Insofern also die Tätigkeit der Seele als die eines selbständigen Wesens, welches anscheinend nicht an unsere vergängliche Körperlichkeit gebunden ist, empfunden wird, kann leicht die Vorstellung entstehen, dass dieses Wesen überhaupt an und für sich existiert, vielleicht in einer Welt unsichtbarer Dinge. Allerdings ist nicht ohne weiteres einzusehen, dass die Unsichtbarkeit dieses selbständigen Wesens auch dessen Unsterblichkeit zugleich bedeuten sollte. Die Qualität der Unsterblichkeit dürfte wohl einer anderen, bereits erwähnten Tatsache ihren Ursprung verdanken: nämlich dem eigentümlichen historischen Aspekt der Seele. Rider Haggard hat wohl eine der besten Schilderungen dieses Charakters in ›She‹ gegeben. Wenn die Buddhisten sagen, dass mit fortschreitender Vervollkommnung durch Verinnerlichung eine Wiedererinnerung an frühere Inkarnationen eintrete, so beziehen sie sich wohl auf den gleichen psychologischen Tatbestand, allerdings mit dem Unterschied, dass sie den historischen Faktor nicht der Seele, sondern dem Selbst zuschreiben. Es entspricht nun ganz der bisherigen, durchaus extravertierten abendländischen Geisteseinstellung, die Unsterblichkeit gefühlsmäßig (und traditionell) einer Seele zuzuschreiben, die man mehr oder weniger von seinem *Ich* unterscheidet und die durch ihre weiblichen Qualitäten vom Ich auch geschieden ist. Es wäre durchaus logisch, wenn bei uns, durch eine Vertiefung der bisher vernachlässigten introvertierten Geisteskultur, eine der östlichen Geistesart sich annähernde Wandlung vollzöge, indem die Qualität der Unsterblichkeit sich von der zweideutigen Figur der Seele (anima) auf das Selbst verschöbe. Es ist ja wesentlich die Überschätzung des äußeren, materiellen Objektes, welche eine geistige und unsterbliche Figur im Innern konstelliert (natürlich zum Zwecke der Kompensation und Selbstregulierung). Im Grunde genommen haftet der historische Faktor nicht bloß dem Archetypus des Weiblichen an, sondern allen Archetypen überhaupt, das heißt allen Erbeinheiten, geistigen sowohl wie körperlichen. Unser Leben ist ja dasselbe, wie es seit Ewigkeiten war. Es ist jedenfalls in unserem Sinne nichts Vergängliches, denn dieselben physiologischen und psychologischen Prozesse, wie sie dem Menschen seit Hunderttausenden von Jahren eigneten, dauern immer noch an und geben dem inneren Gefühl tiefste Ahnung einer »ewigen« Kontinuität des Lebendigen. Unser Selbst als ein Inbegriff unseres lebenden Systems enthält aber nicht nur den Niederschlag und die Summe alles gelebten Lebens, sondern ist auch der Ausgangspunkt, der schwangere Mutterboden alles zukünftigen Lebens, dessen Vorahnung dem inneren Gefühl ebenso deutlich gegeben ist wie der historische Aspekt. Aus diesen psychologischen Grundlagen geht die Idee der Unsterblichkeit legitimerweise hervor.

In der östlichen Anschauung fehlt der Begriff der Anima, wie wir ihn hier aufgestellt haben, ebenso fehlt auch logischerweise der Begriff einer Persona. Dies dürfte keineswegs zufällig sein, denn, wie ich oben bereits andeutete, besteht eine kompensatorische Beziehung zwischen Persona und Anima.

Die Persona ist ein kompliziertes Beziehungssystem zwischen dem individuellen Bewusstsein und der Sozietät, passenderweise eine Art Maske, welche einerseits darauf berechnet ist, einen bestimmten Eindruck auf die anderen zu machen, andererseits die wahre Natur des Individuums zu verdecken. Dass Letzteres überflüssig wäre, kann nur der behaupten, welcher mit seiner Persona dermaßen identisch ist, dass er sich selbst nicht mehr kennt, und dass Ersteres unnötig sei, kann nur der sich einbilden, welcher der wahren Natur seiner Mitmenschen unbewusst ist. Die Sozietät erwartet, ja muss von jedem Individuum erwarten, dass es die ihm zugedachte Rolle möglichst vollkommen spielt, dass also mithin einer, der Pfarrer ist, nicht nur objektiv seine Amtsfunktionen ausführe, sondern auch sonst zu allen Zeiten und unter allen Umständen die Rolle des Pfarrers anstandslos spiele. Die Sozietät verlangt dies als eine Art von Sicherheit; jeder muss an seinem Platz stehen, der eine ist Schuhmacher, der andere Poet. Es wird nicht erwartet, dass er beides sei. Es ist auch nicht ratsam, beides zu sein, denn das wäre etwas unheimlich. Ein solcher wäre ja »anders« als andere Leute, nicht ganz zuverlässig. In der akademischen Welt wäre er ein »Dilettant«, politisch eine »unberechenbare« Größe, religiös ein »Freigeist«, kurz, der Verdacht der Unzuverlässigkeit und Unzulänglichkeit fiele auf ihn, denn die Sozietät ist überzeugt, dass nur der Schuhmacher, der kein Poet dazu ist, fachmännisch richtige Schuhe liefert. Die Eindeutigkeit der persönlichen Erscheinung ist eine praktisch wichtige Sache, denn der der Sozietät einzig bekannte Durchschnittsmensch muss den Kopf schon bei *einer* Sache haben, um etwas Tüchtiges leisten zu können, deren zwei wären für ihn zu viel. Unsere Sozietät ist zweifellos auf solche Ideale eingestellt. Es ist daher kein Wunder, dass jeder, der es zu etwas bringen will, diese Erwartungen berücksichtigen muss. Als Individualität könnte natürlich niemand in diesen Erwartungen restlos aufgehen, daher die Konstruktion einer künstlichen Persönlichkeit unabweisbare Notwendigkeit wird. Die Forderungen des Anstandes und der guten Sitte tun ein Übriges zur Motivierung einer bekömmlichen Maske. Hinter der Maske entsteht dann das, was man »Privatleben« nennt. Diese sattsam bekannte Trennung des Bewusstseins in zwei oft lächerlich verschiedene Figuren ist eine einschneidende psychologische Operation, die nicht ohne Folgen für das Unbewusste bleiben kann.

Die Konstruktion einer kollektiv passenden Persona bedeutet eine gewaltige Konzession an die Außenwelt, ein wahres Selbstopfer, welches das Ich geradewegs in eine Identifikation mit der Persona hineinzwingt, so dass es wirklich Leute gibt, die glauben, sie seien das, was sie darstellen. Die »Seelenlosigkeit« einer solchen Einstellung ist aber nur anscheinend, denn das Unbewusste erträgt eine solche Schwergewichtsverschiebung unter keinen Umständen. Wenn wir solche Fälle kritisch betrachten, so entdecken wir, dass die ausgezeichnete Maske innerlich durch ein »Privatleben« kompensiert ist. Der fromme Drummond klagt einmal darüber, dass »schlechte Laune das Laster der Frommen sei«. Natürlich, wer sich eine zu gute Persona aufbaut, erntet dafür reizbare Launen. Bismarck hatte hysterische Weinkrämpfe, Wagner eine Korrespondenz über seidene Schlafrockbändel, Nietzsche schrieb Briefe an ein »liebes Lama«, Goethe führte Gespräche mit Eckermann und so weiter. Es gibt aber raffiniertere Dinge als die banalen »Lapsus« der Heroen. Ich habe einmal die Bekanntschaft eines verehrungswürdigen Mannes gemacht – man könnte ihn ohne Schwierigkeiten einen Heiligen nennen –, ich ging drei Tage lang um ihn herum und konnte nirgends die Unzulänglichkeit des Sterblichen an ihm entdecken. Mein Minderwertigkeitsgefühl wurde bedrohlich, und ich begann bereits ernstlich daran zu denken, mich zu bessern. Am vierten Tag aber konsultierte mich seine Frau … Seitdem ist mir nichts Ähnliches mehr passiert. Aber ich lernte daraus, dass jemand, der mit seiner Persona eins wird, alles Störende durch seine Frau darstellen lassen kann, ohne dass Letztere es merkt, aber sie bezahlt ihre Selbstaufopferung mit einer schweren Neurose.

Diese Identifikationen mit der sozialen Rolle sind überhaupt ergiebige Neurosenquellen. Der Mensch kann sich eben nicht ungestraft seiner selbst zugunsten einer künstlichen Persönlichkeit entledigen. Schon der Versuch dazu löst in allen gewöhnlichen Fällen unbewusste Reaktionen aus, Launen, Affekte, Ängste, Zwangsvorstellungen, Schwächen, Laster und so weiter. Der sozial »starke Mann« ist im »Privatleben« öfters ein Kind seinen eigenen Gefühlszuständen gegenüber, seine öffentliche Disziplin (die er ganz besonders von den andern verlangt) wird privat jämmerlich zuschanden. Seine »Berufsfreudigkeit« hat zu Hause ein melancholisches Gesicht; seine »fleckenlose« öffentliche Moral sieht hinter der Maske merkwürdig aus – wir wollen nicht von Taten sprechen, sondern bloß von Phantasien, auch wüssten die Frauen solcher

Männer einiges zu erzählen; sein selbstloser Altruismus – seine Kinder haben andere Ansichten.

In dem Maße, in welchem die Welt das Individuum zur Identifikation mit der Maske herauslockt, ist das Individuum auch der Einwirkung von Innen preisgegeben. »Hoch steht auf tief«, sagte Laotse. Von innen drängt sich ein Gegenteil auf, ja es ist, als ob das Unbewusste mit derselben Macht das Ich unterdrückte, mit der Letzteres von der Persona angezogen wird. Die Widerstandslosigkeit außen, gegenüber der Lockung der Persona, bedeutet eine ähnliche Schwäche innen, gegenüber den Einflüssen des Unbewussten. Außen wird die wirksame und starke Rolle gespielt, innerlich entwickelt sich eine effeminierte Schwäche gegenüber allen Einflüssen des Unbewussten; Stimmungen und Launen, Ängstlichkeit, ja sogar eine verweiblichte Sexualität (gipfelnd in Impotenz) gewinnen allmählich die Oberhand.

Die Persona, das Idealbild des Mannes, wie er sein sollte, wird innerlich kompensiert durch weibliche Schwäche, und wie das Individuum außen den starken Mann spielt, wird es innerlich zum Weibe, zur Anima[45], denn es ist die Anima, die der Persona gegenübertritt. Weil aber das Innen für das extravertierte Bewusstsein dunkel und unsichtbar ist und man sich überdies seine Schwächen desto weniger denken kann, je mehr man mit der Persona identisch ist, so bleibt auch das Gegenstück der Persona, die Anima, völlig im Dunkeln und wird daher zunächst projiziert, wodurch der Held unter den Pantoffel seiner Frau kommt. Ist ihr Machtzuwachs beträchtlich, so erträgt sie ihn schlecht. Sie wird minderwertig, und damit ist dem Mann der willkommene Beweis erbracht, dass nicht er, der Held, im »Privatleben« minderwertig ist, sondern seine Frau. Die Frau hat dafür jene für viele so anziehende Illusion, wenigstens einen Helden geheiratet zu haben, unbekümmert um ihre eigene Nichtsnutzigkeit. Dieses Illusionsspiel nennt man öfters »Lebensinhalt«.

[45] Zur Definition dieses Begriffes vgl. Definitionen, in: Psychologische Typen, GW 6, §§ 877–890.

Wie es nun für den Zweck der Individuation, der Selbstverwirklichung, unerlässlich ist, dass sich einer davon zu unterscheiden weiß, als was er sich und andern erscheint, so ist es zu demselben Zweck auch nötig, dass er sich seines unsichtbaren Beziehungssystems zum Unbewussten, nämlich der Anima, bewusst wird, um sich von ihr unterscheiden zu können. Von etwas Unbewusstem kann man sich nicht unterscheiden. In der Frage der Persona ist es natürlich leicht, jemandem klarzumachen, dass er und sein Amt zwei verschiedene Dinge sind. Von der Anima dagegen kann man sich nur schwer unterscheiden, und zwar darum so schwer, weil sie unsichtbar ist. Ja, man hat sogar zunächst das Vorurteil, dass alles, was von innen komme, aus dem ureigensten Wesensgrund stamme. Der »starke Mann« wird uns vielleicht zugeben, dass er tatsächlich im »Privatleben« bedenklich disziplinlos sei, aber das sei eben *seine Schwäche*, mit der er sich gewissermaßen solidarisch erklärt. In dieser Tendenz liegt natürlich ein nicht zu verachtendes Kulturerbteil. Wenn er nämlich anerkennt, dass seine ideale Persona für die nichts weniger als ideale Anima verantwortlich ist, so sind seine Ideale erschüttert, die Welt wird zweideutig, er selber wird zweideutig. Ein Zweifel am Guten befällt ihn, noch schlimmer, ein Zweifel an seiner guten Absicht. Wenn man bedenkt, mit welch machtvollen historischen Voraussetzungen unsere privateste Idee einer guten Absicht verknüpft ist, so wird man begreifen, dass es im Sinne unserer bisherigen Weltanschauung angenehmer ist, sich einer persönlichen Schwäche anzuklagen, als Ideale zu erschüttern.

Da nun aber die unbewussten Faktoren ebenso bedingende Tatsachen sind wie die Größen, die das Leben der Sozietät regulieren, und Erstere ebenso kollektiv wie Letztere, so kann ich ebenso gut lernen, einen Unterschied zu machen zwischen dem, was *ich* will und dem, was mir vom Unbewussten aufgedrängt wird, wie ich sehen kann, was mein Amt von mir fordert und was *ich* wünsche. Zunächst sind allerdings nur die inkompatiblen Forderungen von außen und innen greifbar, und das Ich steht dazwischen, wie zwischen Hammer und Amboss. Gegenüber diesem Ich, das meist nichts mehr ist als ein bloßer Spielball der äußeren und der inneren Forderungen, gibt es aber irgendeine schwer bestimmbare Instanz, die ich unter keinen Umständen mit dem verfänglichen Namen »Gewissen« belegen möchte, trotzdem das Wort selbst in seinem besten Verstande jene Instanz wohl trefflich bezeichnen würde. Was bei uns aus dem »Gewissen« geworden ist, hat Spitteler mit unübertrefflichem Humor geschildert.[46] Die Nachbarschaft dieser Bedeutung ist daher möglichst zu vermeiden. Man tut wohl besser daran, sich zu vergegenwärtigen, dass jenes tragische Gegensatzspiel zwischen innen und außen (in ›Hiob‹ und ›Faust‹ als Gotteswette dargestellt) im Grunde genommen der Energetismus des Lebensprozesses ist, jene Gegensatzspannung, die der Selbstregulierung unerlässlich ist. So verschieden in Erscheinung und Vorsatz diese gegensätzlichen Mächte auch sind, im Grunde genommen bedeuten und wollen sie das Leben des Individuums; sie schwanken um dieses als der Mitte der Waage. Eben weil sie aufeinander bezogen sind, einigen sie sich auch in einem mittleren Sinne, der sozusagen notwendigerweise aus dem Individuum freiwillig oder unfreiwillig geboren und daher von diesem auch geahnt wird. Man hat ein Gefühl von dem, was sein sollte und was sein könnte. Von dieser Ahnung abzuweichen bedeutet Abweg, Irrtum und Krankheit.

Es ist wohl kein Zufall, dass vom Worte »Persona« unsere modernen Begriffe von »persönlich« und »Persönlichkeit« abstammen. So gut ich von meinem *Ich* behaupten kann, es sei persönlich oder eine Persönlichkeit, ebenso gut kann ich auch von meiner Persona sagen, sie sei eine Persönlichkeit, mit der ich mich mehr oder weniger identifiziere. Die Tatsache, dass ich dann eigentlich zwei Persönlichkeiten habe, ist insofern nicht merkwürdig, als jeder autonome oder auch nur relativ autonome Komplex die Eigentümlichkeit hat, als Persönlichkeit respektive *personifiziert* aufzutreten. Dies kann man wohl am leichtesten bei den sogenannten spiritistischen Manifestationen des automatischen

[46] Vgl. Spitteler: Prometheus und Epimetheus, 1915; und Jung: Psychologische Typen, GW 6, §§ 261 ff.

Schreibens und dergleichen beobachten. Die produzierten Sätze sind immer persönliche Aussagen und in persönlicher Ichform vorgetragen, wie wenn hinter jedem geäußerten Satzfragment auch eine Persönlichkeit stünde. Der naive Verstand muss daher sofort an Geister denken. Ähnliches lässt sich bekanntlich auch bei den Halluzinationen der Geisteskranken beobachten, obschon die Letzteren oft noch deutlicher als die Ersteren bloß Gedanken oder Fragmente von solchen sind, deren Zusammenhang mit der bewussten Persönlichkeit oft jedermann ohne weiteres sehen kann.

Die Neigung relativ autonomer Komplexe, sich unmittelbar zu personifizieren, ist auch der Grund, warum die Persona dermaßen »persönlich« auftritt, dass das Ich ohne allzu große Schwierigkeiten darüber in Zweifel geraten kann, welches seine »wahre« Persönlichkeit ist.

Dasselbe nun, was für die Persona und überhaupt für alle autonomen Komplexe gilt, ist auch für die Anima der Fall – sie ist ebenfalls eine Persönlichkeit, und aus diesem Grunde lässt sie sich auch so leicht auf eine Frau projizieren, das heißt, sie ist – solange sie unbewusst ist – immer projiziert, denn *alles Unbewusste ist projiziert*. Die erste Trägerin des Seelenbildes ist wohl immer die Mutter, später sind es diejenigen Frauen, welche das Gefühl des Mannes erregen, gleichgültig, ob in positivem oder in negativem Sinne. Weil die Mutter die erste Trägerin des Seelenbildes ist, ist die Abtrennung von ihr eine ebenso delikate wie wichtige Angelegenheit von höchster erzieherischer Bedeutung. Wir finden deshalb schon bei den Primitiven eine große Anzahl von Riten, welche die Abtrennung organisieren. Bloßes Erwachsenwerden und äußere Trennung genügen nicht, es bedarf noch der ganz besonders einschneidenden Männerweihen und Wiedergeburtszeremonien, um die Abtrennung von der Mutter (und damit von der Kindheit) wirksam zu vollziehen.

Wie der Vater als ein Schutz gegen die Gefahren der Außenwelt wirkt und auf diese Weise für den Sohn zum Musterbilde der Persona wird, so ist ihm die Mutter ein Schutz gegen die Gefahren, die aus dem Dunkeln seine Seele bedrohen. In den Männerweihen empfängt der Initiand daher Belehrung über die jenseitigen Dinge, wodurch er in den Stand gesetzt wird, des Schutzes der Mutter zu entraten.

Der moderne Kulturmensch muss diese trotz aller Primitivität im Grunde genommen ausgezeichnete Erziehungsmaßnahme entbehren. Die Folge davon ist, dass die Anima in Form der Mutterimago auf die Frau übertragen wird mit dem Erfolg, dass der Mann, sobald er heiratet, kindisch, sentimental, abhängig und unterwürfig wird oder im anderen Fall aufbegehrerisch, tyrannisch und empfindlich, immer auf das Prestige seiner superioren Männlichkeit bedacht. Letzteres ist natürlich bloß die Umkehrung des Ersteren. Der Schutz gegen das Unbewusste, den ihm die Mutter bedeutete, ist dem Modernen nicht ersetzt worden, weshalb er sein Eheideal unbewusst so gestaltet, dass seine Frau womöglich die magische Mutterrolle übernehmen muss. Unter dem Deckmantel der ideal exklusiven Ehe sucht er eigentlich bei der Mutter Schutz und kommt so dem Besitzinstinkt der Frau verführerisch entgegen. Seine Angst vor den dunkeln Unberechenbarkeiten des Unbewussten verleiht der Frau eine illegitime Macht und gestaltet die Ehe zu einer so »innigen Gemeinschaft«, dass sie aus innerer Gespanntheit beständig zu zerspringen droht – oder er macht aus Protest das Gegenteil mit demselben Erfolg.

Ich bin der Ansicht, dass für gewisse moderne Menschen eine Notwendigkeit besteht, nicht nur ihre Verschiedenheit von der Persona, sondern auch von der Anima einzusehen. Da unser Bewusstsein hauptsächlich – dem abendländischen Stil entsprechend – nach außen blickt, so liegen die inneren Dinge im Dunkeln. Diese Schwierigkeit lässt sich aber leicht überwinden, nämlich dadurch, dass man einmal versucht, mit derselben Konzentration und Kritik dasjenige psychische Material, das nicht außen, sondern bloß im Privatleben zutage tritt, zu betrachten. Da man gewöhnt ist, diese andere Seite schamhaft zu verschweigen (vielleicht sogar vor seiner eigenen Frau zittert, sie könnte einen verraten) und, wenn entdeckt, reuevoll seine »Schwäche« bekennt, so pflegt die einzige Erziehungsmethode die zu sein, dass man die Schwächen möglichst unterdrückt oder verdrängt oder wenigstens vor dem Publikum verbirgt. Damit ist aber gar nichts erreicht.

Was wir eigentlich zu tun haben, erläutere ich wohl am besten am Beispiel der Persona. Dort ist alles sichtbar und deutlich, während bei der Anima für uns Abendländer alles dunkel ist. Wenn die Anima in höherem Maße die guten Absichten des Bewusstseins durchkreuzt, indem sie ein mit der glanzvollen Persona übel kontrastierendes Privatleben veranlasst, dann ist es dasselbe, wie wenn ein naiver Mensch, der keine Ahnung von der Persona hat, in der Welt auf die peinlichsten Schwierigkeiten stößt. Es gibt solche Menschen, die keine entwickelte Persona haben – »Kanadier, die Europen's übertünchte Höflichkeit nicht kennen« –, die von einer gesellschaftlichen »gaffe« in die andere tappen, vollkommen harmlos und unschuldig, seelenvolle Langweiler oder rührende Kinder oder – wenn's Frauen sind – um ihrer Taktlosigkeit willen gefürchtete Kassandragespenster, ewig Missverstandene, die nicht wissen, was sie tun, und deshalb stets Vergebung voraussetzen; die die Welt nicht sehen, sondern sie bloß träumen. Das sind die Fälle, an denen wir sehen können, wie eine vernachlässigte Persona wirkt und was man zu tun hätte, um dem Übel abzuhelfen. Solche Leute können Enttäuschungen und Leiden aller Art, Szenen und Gewalttätigkeiten nur dadurch vermeiden, dass sie einsehen lernen, wie man sich in der Welt benimmt. Sie müssen verstehen lernen, was die Sozietät von ihnen erwartet; sie müssen einsehen, dass es Faktoren und Personen in der Welt gibt, die ihnen weit überlegen sind; sie müssen wissen, was das, was sie tun, für die andern bedeutet und so weiter. Das ist natürlich der Lehrplan einer Kleinkinderschule für den, der seine Persona in angemessener Weise ausgebildet hat. Wenn wir nun aber den Stiel umdrehen und den, der eine glänzende Persona besitzt, der Anima gegenüberstellen und zum Vergleich den Mann ohne Persona heranholen, so werden wir sehen, dass dieser in Bezug auf die Anima und ihre Angelegenheiten ebenso gut unterrichtet ist, wie jener über die Welt. Der Gebrauch, den beide von ihrer Kenntnis machen, kann natürlich ein Missbrauch sein, wird es auch höchstwahrscheinlich sein.

Dem Mann mit der Persona leuchtet natürlich der Gesichtspunkt der Existenz innerer Realitäten nicht im Geringsten ein, so wenig wie dem anderen die Realität der Welt, die für ihn bloß den Wert eines amüsanten oder phantastischen Spielplatzes hat. Aber die Tatsache innerer Realitäten und ihre unbedingte Anerkennung ist natürlich die Conditio sine qua non für das Ernstnehmen des Animaproblemes. Wenn mir die äußere Welt bloß ein Phantasma ist, wie kann ich mir dann ernstlich Mühe geben, ein kompliziertes Beziehungs- und Anpassungssystem dafür herzurichten? Gleicherweise wird mich der Standpunkt »nichts als Phantasie« niemals veranlassen, meine Animamanifestationen für etwas anderes als alberne Schwächen zu nehmen. Stehe ich aber auf dem Standpunkte, dass die Welt außen *und* innen sei, dass Realität dem Außen wie dem Innen zukomme, so muss ich auch folgerichtigerweise die Störungen und Unzuträglichkeiten, die mir von innen zustoßen, als Symptom einer mangelhaften Anpassung an die Bedingungen der inneren Welt auffassen. Ebenso wenig wie die Püffe, die der Harmlose in der Welt bekommt, durch moralische Verdrängung geheilt werden, ebenso wenig hilft es auch, seine »Schwächen« resigniert als solche zu buchen. Hier gibt es Gründe, Absichten und Folgen, in die ein Wille und ein Verstehen eingreifen können. Nehmen wir zum Beispiel jenen »fleckenlosen« Ehrenmann und öffentlichen Wohltäter, der von Frau und Kindern seines Jähzorns und seiner explosiven Launenhaftigkeit wegen gefürchtet ist. Was tut die Anima in diesem Fall?

Wir können es sofort sehen, wenn wir den Dingen ihren natürlichen Lauf lassen: Frau und Kinder werden sich ihm entfremden; es wird sich ein Vakuum um ihn bilden. Er wird zunächst über die Hartherzigkeit seiner Familie lamentieren und sich womöglich noch schlimmer gebärden wie zuvor. Das wird die Entfremdung absolut machen. Wenn er nun nicht von allen guten Geistern verlassen ist, so wird er nach einiger Zeit seine Isolierung bemerken, und in seiner Einsamkeit wird er anfangen zu verstehen, wodurch er die Trennung verursacht hat. Er wird sich vielleicht erstaunt fragen: »Was für ein Dämon ist in mich gefahren?« – natürlich ohne den Sinn dieser Metapher zu bemerken. Darauf folgt Reue, Versöhnung, Vergessen, Verdrängung und demnächst eine neue Explosion. Offenbar versucht die Anima eine Trennung zu erzwingen. Diese Tendenz liegt natürlich in niemandes Interesse. Die Anima drängt sich dazwischen wie eine eifersüchtige Geliebte, die den Mann seiner Familie abspenstig machen will. Ein Amt oder sonst eine vorteilhafte soziale Stellung kann dasselbe tun; dort aber verstehen wir, was die Macht der Anlockung ist. Woher aber bezieht die Anima die Macht, eine solche Anziehung auszuüben? Nach Analogie mit der Persona müssten Werte oder sonst wie wichtige und einflussreiche Dinge wie verführerische Versprechungen dahinterliegen. Man muss sich in solchen Momenten vor Rationalisierungen hüten. Es läge nahe, daran zu denken, dass der Ehrenmann nach einer andern Frau späht. Das kann sein, kann sogar von der Anima als wirksamstes Mittel zum Zweck arrangiert werden. Man sollte ein solches Arrangement nicht als Selbstzweck missverstehen, denn der fleckenlose Ehrenmann, der korrekt nach dem Gesetz geheiratet hat, kann sich ebenso korrekt nach dem Gesetz scheiden lassen, was an seiner Grundeinstellung keinen Deut ändert. Das alte Bild hat bloß einen neuen Rahmen bekommen.

Tatsächlich ist dieses Arrangement eine sehr häufig vorkommende Methode, um Trennungen zu vervollständigen – und endgültige Lösungen zu erschweren. Darum ist es wohl vernünftiger, nicht anzunehmen, dass eine so naheliegende Möglichkeit die Endabsicht der Trennung wäre. Vielmehr erscheint es angezeigt, den Hintergründen der Animatendenz nachzuforschen. Der erste Schritt hierzu ist, was ich die *Objektivation der Anima* nennen möchte, nämlich die strikte Ablehnung der Trennungstendenz als der eigenen Schwäche. Erst wenn das geschehen ist, kann man gewissermaßen die Frage an die Anima stellen: »Warum willst du diese Trennung?« Die Frage dermaßen persönlich zu stellen, hat einen großen Vorteil: Dadurch wird nämlich die Persönlichkeit der

Anima erkannt, und die Beziehung zu ihr wird möglich. Je persönlicher sie genommen wird, desto besser.

Das mag nun jedem, der gewohnt ist, rein intellektuell und rationalistisch zu verfahren, geradezu lächerlich erscheinen. Es wäre gewiss mehr als absurd, wenn jemand mit seiner Persona, die er als bloßes psychologisches Beziehungsmittel anerkennt, gewissermaßen ein Zwiegespräch abhalten wollte. Es ist aber nur absurd für jemanden, der eine Persona hat. Wer aber keine hat, der ist in diesem Punkt *nichts anderes als ein Primitiver*, der bekanntlich nur mit einem Fuß in dem steht, was wir gemeiniglich als Realität bezeichnen; mit dem andern aber steht er in einer Geisterwelt, die ihm wirklich real ist. Unser Musterfall ist in der Welt ein moderner Europäer, in der Geisterwelt aber das Kind eines Paläolithikers. Er muss sich daher eine Art prähistorischer Kleinkinderschule gefallen lassen, so lange, bis er einen richtigen Begriff von den Mächten und Faktoren einer andern Welt bekommen hat. Er tut daher das einzig Richtige, wenn er die Figur der Anima als eine autonome Persönlichkeit auffasst und persönliche Fragen an sie richtet.

Ich meine dies als eine wirkliche Technik. Bekanntlich hat sozusagen jedermann nicht nur die Eigentümlichkeit, sondern auch die Fähigkeit, mit sich selber Zwiesprache zu führen. In allen Fällen eines ängstlichen Dilemmas richten wir die Frage an uns (oder an wen?): »Was soll ich tun?« laut oder leise – und wir (oder wer sonst?) geben sogar die Antwort darauf. Bei unserer Absicht, die Untergründe unseres Wesens kennenzulernen, kann es uns wenig kümmern, gewissermaßen in einer Metapher zu leben. Wir haben es als Symbol unserer eigenen primitiven Rückständigkeit (oder Gott sei Dank noch vorhandenen Naturhaftigkeit) hinzunehmen, dass wir uns, wie die Neger, persönlich mit unserer »Schlange« unterhalten. Da die Psyche keineswegs eine Einheit, sondern eine widerspruchsvolle Vielheit von Komplexen ist, so fällt uns die zur Auseinandersetzung mit der Anima nötige Dissoziation nicht allzu schwer. Die Kunst besteht nur darin, das unsichtbare Gegenüber laut werden zu lassen, ihm gewissermaßen den Ausdrucksmechanismus auf

Augenblicke zur Verfügung zu stellen, ohne dabei vom Ekel, den man natürlicherweise vor einem derart absurd erscheinenden Spiel mit sich selbst empfinden mag, oder vom Zweifel an der »Echtheit« der Stimme des Gegenübers überwältigt zu werden. Gerade letzterer Punkt ist technisch belangreich. Wir sind nämlich derart daran gewöhnt, uns mit den Gedanken in uns zu identifizieren, dass wir stets annehmen, wir hätten sie gemacht. Und es sind merkwürdigerweise oft gerade die unmöglichsten Gedanken, für welche wir die größte subjektive Verantwortlichkeit fühlen. Wenn man sich mehr bewusst wäre, welch strengen universalen Gesetzen selbst die wildeste und willkürlichste Phantasie unterworfen ist, so wäre man vielleicht eher imstande, gerade solche Gedanken als objektive Geschehnisse zu betrachten, genauso wie Träume, von denen man doch auch nicht annimmt, dass sie absichtliche und willkürliche Erfindungen seien. Es bedarf allerdings der größten Objektivität und Vorurteilslosigkeit, wenn man der »andern Seite« Gelegenheit geben will zu wahrnehmbarer psychischer Aktivität. Infolge der verdrängenden Bewusstseinseinstellung war die andere Seite zu bloß indirekten, symptomatischen Manifestationen meist emotionaler Art gezwungen, und nur in Momenten eines überwältigenden Affektes kamen Bruchstücke der gedanklichen oder bildlichen Inhalte des Unbewussten an die Oberfläche, allerdings mit der unvermeidlichen Begleiterscheinung, dass das Ich sich momentan mit jenen Äußerungen identifizierte, selbstverständlich, um sie unmittelbar darauf zu revozieren. Es kommt einem ja tatsächlich bisweilen abenteuerlich vor, was man im Affekt alles sagen kann. Aber bekanntlich vergisst man es leicht oder leugnet es gar. Mit diesen Entwertungs- und Verleugnungsmechanismen hat man natürlich zu rechnen, wenn man sich objektiv einstellen will. Die Gewohnheit, dazwischenzuspringen, zu korrigieren und zu kritisieren, ist schon aus Tradition sehr stark und wird in der Regel noch verstärkt durch Angst, die man wiederum weder einem andern, noch sich selbst zugeben kann, eine Angst vor unterminierenden Wahrheiten, gefährlichen Erkenntnissen, unangenehmen Konstatierungen, in summa vor all den Dingen, welche so viele Menschen veranlassen, das Alleinsein mit sich selbst wie die Pest zu fliehen. Man sagt, es sei egoistisch oder »ungesund«, sich mit sich selber zu beschäftigen – »die eigene Gesellschaft ist die schlechteste; man wird davon ganz melancholisch« – das sind die glänzenden Zeugnisse, die unserer menschlichen Beschaffenheit ausgestellt werden. Sie sind aber waschecht in abendländischem Sinne. Wer so denkt, stellt sich offenbar nie vor, was für ein Vergnügen andere Leute an der Gesellschaft solch unreinlicher Hasenfüße haben müssen. Ausgehend von der Tatsache, dass man im Affekt oft die Wahrheiten der andern Seite unwillkürlich preisgibt, ist es anzuraten, gerade einen Affekt zu benützen, um der andern Seite Gelegenheit zum Ausdruck zu geben. Man könnte daher ebenso gut sagen, man sollte die Kunst üben, zu sich selber aus einem Affekt und im Rahmen desselben zu sprechen, so wie wenn der Affekt selber spräche ohne Rücksicht auf unsere vernünftige Kritik. Solange der Affekt spricht, muss die Kritik zurückgehalten werden. Hat er aber seinen Fall präsentiert, so soll ebenso gewissenhaft kritisiert werden, wie wenn ein wirklicher, uns nahe angehender Mensch das Gegenüber wäre. Und damit soll es nicht sein Bewenden haben, sondern Rede und Gegenrede sollen einander so lange folgen, bis ein befriedigendes Ende der Diskussion gefunden ist. Ob das Resultat befriedigend ist oder nicht, darüber entscheidet bloß das subjektive Gefühl. Es nützt natürlich nichts, sich etwas vorzumachen. Peinliche Ehrlichkeit sich selbst gegenüber und kein vorschnelles Vorausnehmen dessen, was die andere Seite möglicherweise sagen könnte, sind unerlässliche Bedingungen dieser Technik der Animaerziehung.

Mit der uns Abendländern eigentümlichen Angst vor der andern Seite hat es aber etwas auf sich. Diese Angst ist nämlich nicht ganz unberechtigt, ganz abgesehen davon, dass sie real ist. Wir verstehen ohne weiteres die Angst des Kindes und des Primitiven vor der weiten, unbekannten Welt. Dieselbe Angst haben wir auf unserer kindlichen Innenseite, wo wir ebenfalls eine weite, unbekannte Welt berühren. Wir haben aber bloß den Affekt, ohne zu wissen, dass er eine Weltangst ist, denn jene Welt ist unsichtbar. Wir haben darüber entweder bloß theoretische Vorurteile oder abergläubische Vorstellungen. Auch vor manchen Gebildeten kann man vom Unbewussten nicht reden, ohne des Mystizismus geziehen zu werden. Die Angst ist nun insofern berechtigt, als unsere rationale Weltanschauung mit ihren so heiß geglaubten (weil zweifelhaften) wissenschaftlichen und moralischen Sicherheiten durch die Daten der andern Seite erschüttert wird. Könnte man's vermeiden, so wäre das emphatische »quieta non movere« des Philisters die einzig empfehlenswerte Wahrheit, womit ich ausdrücklich hervorheben möchte, dass ich niemandem die oben auseinandergesetzte Technik als etwas Notwendiges oder gar Nützliches empfehle, jedenfalls niemandem, der nicht durch Not gezwungen darnach greift. Wie gesagt, der Stufen sind manche, und es gibt Greise, die als Säuglinge sterben, und noch im Jahre des Herrn 1927 wurden Troglodyten geboren. Es gibt Wahrheiten, die erst übermorgen wahr sind, und solche, die noch gestern wahr waren – und solche, die in keiner Zeit wahr sind.

Ich könnte mir aber denken, dass jemand aus einer sozusagen heiligen Neugier eine solche Technik betriebe, ein Junger vielleicht, der nicht wegen der Lahmheit seiner Füße sich Flügel ansetzen möchte, sondern weil er sich nach der Sonne sehnt. Ein Erwachsener aber, dem zu viele Illusionen zerstoben sind, wird wohl nur gezwungenerweise sich zu dieser inneren Erniedrigung und Preisgebung bequemen und die Ängste des Kindes nochmals über sich ergehen lassen. Es ist keine kleine Sache, zwischen einer Tagwelt von erschütterten Idealen und unglaubhaft gewordenen Werten und einer Nachtwelt von anscheinend sinnloser Phantastik zu stehen. Das Unheimliche dieses Standpunktes ist tatsächlich so groß, dass es wohl niemanden gibt, der nicht nach einer Sicherheit griffe, selbst wenn es ein »Griff rückwärts« wäre – zum Beispiel zur Mutter, die seine Kindheit vor Nachtängsten beschützte. Wer Angst hat, bedarf einer Abhängigkeit, wie der Schwache einer Stütze. Deshalb hat schon der primitive Geist die religiöse Lehre, verkörpert in

Zauberer und Priester, aus tiefster psychologischer Notwendigkeit erzeugt. Extra ecclesiam nulla salus – ist auch heute noch eine gültige Wahrheit – für die, welche darauf zurückgreifen können. Für die wenigen, die es nicht können, gibt es bloß Abhängigkeit von einem Menschen – eine demütigere und stolzere Abhängigkeit, eine schwächere und stärkere Stütze als irgendeine, will mir scheinen. Was soll man vom Protestanten sagen? Er hat weder Kirche noch Priester, er hat nur Gott – aber selbst Gott wird zweifelhaft.

Der Leser wird sich wohl erstaunt fragen: »Aber was produziert denn die Anima, dass man solcher Rückversicherungen bedarf, um die Auseinandersetzung mit ihr durchzuführen?« Ich möchte meinem Leser empfehlen, eine vergleichende Religionsgeschichte so zu studieren, dass er die für uns toten Berichte mit dem emotionalen Leben erfüllt, das jene empfanden, welche diese Religionen lebten. Damit wird er einen Begriff bekommen von dem, was auf der andern Seite lebt. Die alten Religionen mit ihren erhabenen und lächerlichen, mit ihren gütigen und grausamen Symbolen sind nämlich nicht aus der blauen Luft, sondern aus dieser menschlichen Seele entstanden, wie sie auch in diesem Moment in uns lebt. Alle jene Dinge, ihre Urformen, leben in uns und können jederzeit mit vernichtender Gewalt auf uns hereinbrechen, nämlich in Form der Massensuggestion, gegen die der Einzelne wehrlos ist. Unsere furchtbaren Götter haben nur den Namen gewechselt, sie reimen jetzt auf »-ismus«. Oder hat vielleicht jemand die Stirne zu behaupten, der Weltkrieg oder der Bolschewismus seien eine geistreiche Erfindung gewesen? So, wie wir äußerlich in einer Welt leben, wo jederzeit sich ein Kontinent senken, die Pole sich verschieben, eine neue Pestilenz ausbrechen kann, so leben wir innerlich in einer Welt, wo jederzeit etwas Ähnliches entstehen kann, allerdings nur in der Form der Idee, aber nicht minder gefährlich und unzuverlässig. Nichtanpassung an diese innere Welt ist eine ebenso folgenschwere Unterlassung wie Ignoranz und Unfähigkeit in der äußeren Welt. Es ist auch nur ein minimster Bruchteil der Menschheit, der hauptsächlich auf jener dichtbevölkerten

Halbinsel Asiens, die gegen den Atlantischen Ozean vorspringt, lebt und sich »die Gebildeten« nennt, welcher infolge eines mangelhaften Kontaktes mit der Natur auf den Gedanken verfallen ist, Religion sei eine Art eigentümlicher geistiger Störung von unerfindlichem Zweck. Aus sicherer Entfernung, etwa aus Zentralafrika oder Tibet gesehen, erscheint es allerdings, als ob dieser Bruchteil ein ihm unbewusstes »dérangement mental« auf die noch instinktgesunden Völker projiziert hätte.

Weil die Dinge der inneren Welt uns subjektiv umso mächtiger beeinflussen, als sie unbewusst sind, so ist es für den, der einen weiteren Fortschritt in seiner eigenen Kultur machen will (und fängt nicht alle Kultur beim Einzelnen an?), unerlässlich, dass er die Animawirkungen objektiviere und dann zu erfahren versuche, welche Inhalte jenen Wirkungen zugrunde liegen. Damit erwirbt er sich Anpassung und Schutz gegen das Unsichtbare. Diese Anpassung kann natürlich nicht erfolgen ohne Konzessionen an die Bedingungen beider Welten. Aus der Berücksichtigung der Forderungen der Welt innen und außen, besser gesagt, aus ihrem Konflikt, ergibt sich das *Mögliche und Notwendige*. Leider hat unser abendländischer Geist infolge seines Kulturmangels in dieser Beziehung für die *Einigung der Gegensätze auf einem mittleren Wege*, diesem fundamentalsten Hauptstück innerer Erfahrung, noch nicht einmal einen Begriff gefunden, geschweige denn einen Namen, den man dem chinesischen Tao mit Anstand zur Seite stellen könnte. Es ist zugleich die individuellste Tatsache und die universalste, gesetzmäßigste Sinnerfüllung des lebendigen Wesens.

Im bisherigen Verlauf der Darstellung habe ich ausschließlich die *männliche* Psychologie berücksichtigt. Die Anima als ein Femininum ist ausschließlich eine das männliche Bewusstsein kompensierende Figur. Bei der Frau ist aber die kompensierende Figur männlichen Charakters, deshalb passenderweise als *Animus* zu bezeichnen. Wenn es nicht gerade eine einfache Aufgabe ist zu beschreiben, was unter Anima zu verstehen ist, so häufen sich die Schwierigkeiten fast bis zur Unmöglichkeit, wenn die Animuspsychologie dargestellt werden soll.

Die Tatsache, dass ein Mann seine Animareaktionen naiverweise sich selber zurechnet, ohne zu sehen, dass er sich mit einem autonomen Komplex nicht identifizieren kann, kehrt in der weiblichen Psychologie wieder, aber in, wenn möglich, noch erhöhtem Maße. Die Tatsache der Identifikation mit dem autonomen Komplex ist der wesentliche Grund für die Schwierigkeit des Begreifens und des Darstellens, ganz abgesehen von der unvermeidlichen Dunkelheit und Unbekanntheit des Problems. Wir gehen ja naiverweise stets von der Annahme aus, dass wir in unserem eigenen Haus allein Meister seien. Unser Begreifen muss sich daher zuerst an den Gedanken gewöhnen, dass wir auch in unserem intimsten Seelenleben in einer Art von Haus wohnen, das zum mindesten Türen und Fenster in die Welt hinaus hat, deren Gegenstände oder Inhalte zwar auf uns wirken, aber nicht uns zugehören. Diese Voraussetzung ist für viele nicht leicht zu denken, ebenso wie es ihnen nicht ohne weiteres gelingt, wirklich einzusehen und anzunehmen, dass ihre Nebenmenschen nicht notwendigerweise die gleiche Psychologie haben wie sie. Mein Leser denkt vielleicht, dass letztere Bemerkung wohl übertrieben sei, weil man sich individueller Unterschiede doch im Allgemeinen bewusst sei. Man muss aber die Tatsache berücksichtigen, dass unsere individuelle Bewusstseinspsychologie aus einem ursprünglichen Zustand der Unbewusstheit und daher der Ununterschiedenheit (von Lévy-Bruhl als »participation mystique« bezeichnet) hervorgeht. Infolgedessen ist das Bewusstsein der Unterschiedlichkeit eine relativ späte Erwerbung der Menschheit und vermutlich ein relativ kleiner Ausschnitt aus dem unbestimmbar großen Feld von ursprünglicher Identität. Unterscheidung ist das Wesen und die conditio sine qua non des Bewusstseins. Alles Unbewusste daher ist ununterschieden, und alles, was unbewusst geschieht, geht von der Basis der Ununterschiedenheit aus, ist also zunächst in seiner Zugehörigkeit oder Nichtzugehörigkeit zum Selbst ganz unentschieden. Es ist a priori nicht auszumachen, ob es bei mir oder beim andern oder bei beiden liegt. Auch das Gefühl gibt in dieser Hinsicht keine sicheren Anhaltspunkte.

Man kann nun den Frauen nicht eo ipso ein inferiores Bewusstsein zusprechen; es ist bloß anders als das männliche Bewusstsein. Aber wie der Frau öfters Dinge klar bewusst sind, über die ein Mann noch lange im Dunkeln tappt, so gibt es naturgemäß auch Erfahrungsgebiete beim Mann, die für die Frau noch im Schatten der Nichtunterscheidung liegen, hauptsächlich Dinge, für die sie sich zunächst wenig interessiert. Persönliche Beziehungen sind ihr in der Regel wichtiger und interessanter als objektive Tatsachen und ihre Zusammenhänge. Die weiten Gebiete des Handels, der Politik, der Technik und der Wissenschaft, das ganze Reich des angewandten männlichen Geistes fällt bei ihr in den Bewusstseinsschatten, dagegen entwickelt sie eine weitläufige Bewusstheit der persönlichen Beziehung, deren unendliche Nuancierung dem Mann in der Regel entgeht.

Wir dürfen daher vom Unbewussten der Frau wesentlich andere Aspekte erwarten, als wir sie beim Manne finden. Wenn ich es nun mit einem Wort bezeichnen soll, was den Unterschied zwischen Mann und Frau in dieser Beziehung ausmacht, was also den *Animus* gegenüber der *Anima* charakterisiert, so kann ich nur sagen: Wie die Anima *Launen*, so bringt der Animus *Meinungen* hervor, und wie die Launen des Mannes aus dunkeln Hintergründen hervortreten, so beruhen die Meinungen der Frau auf ebenso unbewussten, apriorischen Voraussetzungen. Die Animusmeinungen haben sehr häufig den Charakter von soliden Überzeugungen, die nicht leicht zu erschüttern, oder von Prinzipien, die anscheinend unantastbar gültig sind. Wenn wir diese Meinungen analysieren, so stoßen wir zunächst auf unbewusste Voraussetzungen, deren Existenz man aber zu erschließen hat, das heißt, die Meinungen sind anscheinend so gedacht, *als ob* solche Voraussetzungen existierten. In Wirklichkeit sind aber die Meinungen gar nicht gedacht, sondern sind schon fix und fertig vorhanden, und zwar dermaßen tatsächlich und unmittelbar überzeugend, dass die Frau auch nicht an die Möglichkeit eines Zweifels denkt.

Man wäre nun geneigt anzunehmen, dass der Animus, ähnlich wie die Anima, in der Gestalt *eines* Mannes sich personifiziere. Dies ist aber, wie die Erfahrung lehrt, nur bedingt richtig, indem unerwarteterweise ein Umstand dazukommt, der eine wesentlich andere Sachlage bedingt als beim Manne. Der Animus erscheint nämlich nicht als *eine* Person, sondern vielmehr als eine *Mehrzahl*. In der Novelle von H. G. Wells, ›Christina Alberta's Father‹, ist die Heldin in all ihrem Tun und Lassen einer übergeordneten moralischen Instanz unterworfen, die ihr mit unerbittlicher Schärfe und Phantasielosigkeit, trocken und genau, jeweils sagt, was sie tut und aus was für Motiven. Wells nennt diese Instanz einen »Court of Conscience«. Diese Mehrzahl von urteilenden Richtern, also eine Art von Collegium, entspricht einer Personifikation des Animus. Der Animus ist etwas wie eine Versammlung von Vätern und sonstigen Autoritäten, die ex cathedra unanfechtbare, »vernünftige« Urteile aufstellen. Genauer besehen sind diese anspruchsvollen Urteile wohl in der Hauptsache Worte und Meinungen, von der Kindheit an, vielleicht unbewusst, zusammengelesen und zu einem Kanon durchschnittlicher Wahrheit, Richtigkeit und Vernünftigkeit zusammengehäuft; ein Thesaurus von Voraussetzungen, der sofort, wo immer ein bewusstes und kompetentes Urteil fehlt (was häufig der Fall zu sein pflegt), mit der Meinung aushilft. Bald erscheinen diese Meinungen in der Form des sogenannten gesunden Menschenverstandes, bald in der Form von bornierten Vorurteilen, bald in der Form von Prinzipien, welche eine Erziehung travestieren. »Man machte es immer so« oder »Jedermann sagt doch, es sei so und so«.

Selbstverständlich wird der Animus ebenso häufig projiziert wie die Anima. Die für die Projektion geeigneten Männer sind entweder lebende Nachbilder des lieben Gottes, die über alles den richtigen Bescheid wissen, oder es sind verkannte Neuerer, die über einen zügigen Sprachschatz verfügen, worin allerhand Allzumenschliches in die Terminologie des »fruchtbaren Erlebens« übersetzt ist. Der Animus wäre nämlich ungenügend charakterisiert, wenn man ihn bloß als ein konservatives Kollektivgewissen darstellte; er ist auch ein Neuerer, der, ganz im Gegensatz zu seinen richtigen Meinungen, eine ungemeine Schwäche für schwerverständliche, unbekannte Wörter hat, welche das odiose Nachdenken in angenehmster Weise ersetzen.

Wie die Anima, so ist auch der Animus ein eifersüchtiger Liebhaber, der es fertig bringt, anstelle eines wirklichen Menschen eine Meinung über ihn zu setzen, eine Meinung, deren unbedingt anfechtbare Grundlagen nie einer Kritik unterzogen werden. Animusmeinungen sind stets kollektiv und übergehen Individuen und individuelle Beurteilung, genauso, wie die Anima mit ihren Gefühlsantizipationen und -projektionen sich zwischen Mann und Frau stellt. Diese Meinungen haben für den Mann – insofern die Frau hübsch ist – etwas rührend Kindliches, welches ihm zu einer ihm wohltätigen, bevaternden Lehrhaftigkeit verhilft; insofern die Frau aber die sentimentale Seite nicht berührt und infolgedessen Kompetenz und nicht rührende Hilflosigkeit und Dummheit von ihr gewünscht wird, so haben ihre Animusmeinungen für den Mann etwas Irritierendes, hauptsächlich wegen ihrer schlechten Begründung – zu viel Meinung um ihrer selbst willen –, um wenigstens auch eine Meinung gehabt zu haben und so weiter. Männer pflegen hier giftig zu werden, denn es ist eine unerschütterliche Tatsache, dass der Animus immer die Anima hervorlockt, wodurch jede weitere Diskussion aussichtslos wird (und natürlicherweise vice-versa ebenfalls).

Bei intellektuellen Frauen veranlasst der Animus ein intellektuell und kritisch sein sollendes Argumentieren und Räsonieren, das aber im Wesentlichen darin besteht, einen nebensächlichen schwachen Punkt zu einer sinnwidrigen Hauptsache zu machen. Oder eine an sich klare Diskussion wird aufs Heilloseste verwickelt durch das Hereinbringen eines ganz andern, womöglich schiefen Gesichtspunktes. Ohne es zu wissen, zielen solche Frauen bloß daraufhin, den Mann zu verärgern, womit sie dann dem Animus umso völliger verfallen. »Leider habe ich immer recht«, gestand mir eine solche Frau.

Alle diese ebenso bekannten wie unliebenswürdigen Erscheinungen rühren aber einzig und allein von der *Extraversion des Animus* her. Er gehört nicht in die bewusste Beziehungsfunktion, sondern er sollte die Beziehung zum Unbewussten ermöglichen. Anstatt dass man sich zu äußeren Situationen Meinungen einfallen lässt – zu Situationen, über die man *bewusst nachdenken* sollte –, müsste der Animus als Einfallsfunktion nach innen gekehrt werden, wo er die Inhalte des Unbewussten einfallen lassen könnte. Die Technik der Auseinandersetzung mit dem Animus ist im Prinzip dieselbe wie im Fall der Anima, nur sind es *Meinungen*, welche die Frau kritisch von sich halten sollte, nicht um sie zu verdrängen, sondern um durch die Erforschung ihrer Herkunft in ihren dunklen Hintergrund einzudringen, wo sie dann auf die Urbilder stoßen würde, genau wie der Mann in seiner Auseinandersetzung mit der Anima. Der Animus ist eine Art Niederschlag aller Erfahrungen der weiblichen Ahnen am Manne – und nicht nur das: Er ist auch ein zeugendes schöpferisches Wesen, allerdings nicht in der Form des männlichen Schaffens, sondern er bringt etwas hervor, das man einen logos spermatikos, ein zeugendes Wort, nennen könnte. Wie der Mann sein Werk als ein ganzes Geschöpf aus seinem inneren Weiblichen hervorgehen lässt, so bringt das innere Männliche der Frau schöpferische Keime hervor, welche das Weibliche des Mannes zu befruchten vermögen. Das wäre die »femme inspiratrice«, die – wenn falsch aufgezogen – die Möglichkeit hat, auch zum schlimmsten Rechthaber und Prinzipienschulmeister – »animus hound«, wie eine meiner Patientinnen dies sinnentsprechend übersetzte – zu werden.

Eine vom Animus besessene Frau ist immer in Gefahr, ihre Weiblichkeit, ihre angepasste weibliche Persona zu verlieren, genau wie ein Mann unter den gleichen Umständen Effeminiertheit riskiert. Solche psychischen Geschlechtsverwandlungen rühren einzig und allein davon her, dass eine Funktion, die nach innen gehört, nach außen gekehrt wird. Der Grund für die Perversion ist natürlich die mangelhafte oder gar fehlende Anerkennung einer der Außenwelt autonom gegenüberstehenden Innenwelt, welche ebenso wichtige Forderungen in puncto Anpassung stellt wie die Außenwelt.

Was nun die Pluralität des Animus im Gegensatz zur Ein-Persönlichkeit der Anima betrifft, so scheint mir diese eigentümliche Tatsache ein Korrelat der bewussten Einstellung zu sein. Die bewusste Einstellung der Frau ist im Allgemeinen viel exklusiver persönlich als die des Mannes. Ihre Welt besteht aus Vätern und Müttern, Brüdern und Schwestern, Gatten und Kindern. Die übrige Welt besteht aus ähnlichen Familien, die sich gegenseitig zuwinken, im Übrigen sich aber wesentlich für sich selbst interessieren. Die Welt des Mannes ist das Volk, der »Staat«, Interessenkonzerne und so weiter. Die Familie ist bloß Mittel zum Zweck, eines der Fundamente des Staates, und seine Frau ist nicht notwendigerweise *die* Frau (jedenfalls nicht so, wie sie es meint, wenn sie sagt »mein Mann«). Das Allgemeine liegt ihm näher als das Persönliche, daher seine Welt aus einer Vielzahl koordinierter Faktoren besteht, während ihre Welt jenseits des Gatten an einer Art kosmischen Nebels ihr Ende erreicht. Die leidenschaftliche Ausschließlichkeit haftet bei dem Manne daher der Anima an, die unbestimmte Vielzahl bei der Frau dagegen dem Animus. Während dem Mann eine scharf umrissene bedeutsame Circe- oder Kalypsogestalt vorschwebt, ist der Animus eher in Fliegenden Holländern und sonstigen unbekannten Gästen vom Weltmeer ausgedrückt, nie ganz bestimmt fassbar, proteushaft und motorisch bewegt. Diese Ausdrücke erscheinen namentlich in Träumen, in der konkreten Wirklichkeit können es Heldentenöre, Boxerchampions, große Männer in fernen, unbekannten Städten sein.

Diese beiden Zwielichtgestalten des dunkeln Hintergrundes (die wahrhaften, halb grotesken »Hüter der Schwelle«, um den pompösen theosophischen Köder zu gebrauchen) sind von fast unerschöpflichen Aspekten, mit denen man Bände füllen könnte. Ihre Komplikationen und Verwicklungen sind reich wie die Welt, genauso umfangreich wie die unabsehbare Mannigfaltigkeit ihres bewussten Korrelats, der Persona. Sie stehen noch in der Sphäre des Zwielichtes, und wir können gerade noch sehen, dass der autonome Komplex der Anima wie des Animus im

Grunde genommen eine psychologische Funktion ist, die nur dank ihrer Autonomie und Unentwickeltheit Persönlichkeit usurpiert oder, besser noch, bis jetzt behalten hat. Wir sehen aber bereits die Möglichkeit, ihre Personifikation zu zerstören, indem wir sie durch Bewusstmachung zu Brücken machen, die ins Unbewusste hinüberführen sollen. Weil wir sie nicht absichtlich als Funktionen benützen, sind sie noch personifizierte Komplexe. Solange sie aber in diesem Zustande sind, müssen sie auch als relativ selbständige Persönlichkeiten anerkannt werden. Sie können nicht dem Bewusstsein integriert werden, solange ihre Inhalte unbekannt sind. Die Auseinandersetzung mit ihnen soll ihre Inhalte ans Licht führen, und erst, wenn diese Aufgabe vollendet und eine genügende Bekanntschaft des Bewusstseins mit den in der Anima abgespiegelten Vorgängen des Unbewussten vorhanden ist, wird die Anima auch wirklich als bloße Funktion empfunden.

Ich erwarte natürlich nicht, dass nun jeder Leser ohne weiteres verstehe, was mit Animus und Anima gemeint ist. Ich hoffe aber, dass er wenigstens den Eindruck hat, dass es sich hier keineswegs um etwas »Metaphysisches« handelt, sondern um empirische Tatsachen, die sich ebenso wohl auch in rationaler und abstrakter Sprache ausdrücken ließen. Ich habe aber absichtlich eine zu abstrakte Sprache vermieden, weil es in diesen Dingen, die unserer Erfahrung bis jetzt so unzugänglich waren, keineswegs darauf ankommt, dem Leser eine intellektuelle Formulierung vorzulegen; sondern es ist vielmehr nötig, ihm eine Anschauung der tatsächlichen Erfahrungsmöglichkeiten zu vermitteln. Niemand kann diese Dinge wirklich begreifen, der sie nicht selber erfahren hat. Daher liegt es mir weit mehr daran, Wege und Möglichkeiten solcher Erfahrungen aufzuzeigen, als intellektuelle Formeln aufzustellen, die infolge eines Mangels an Erfahrung notwendigerweise leere Wortgespinste blieben. Es gibt leider allzu viele, die Wörter auswendig lernen und sich Erfahrungen hinzudenken und sich dann damit, je nach Temperament, gläubig oder kritisch auflassen. Es handelt sich hier um eine neue Fragestellung, um ein neues (und doch so altes!) psychologisches

Erfahrungsgebiet, über das wir theoretisch erst dann etwas relativ Gültiges ausmachen können, wenn die entsprechenden seelischen Erscheinungen genügend vielen bekannt sind. Man entdeckt zunächst immer nur Tatsachen und keine Theorien. Theoriebildung geht hervor aus der Diskussion unter vielen.

7. Die Technik der Unterscheidung zwischen dem Ich und den Figuren des Unbewussten

Ich wäre es dem Leser eigentlich schuldig, ihm ein ausführliches Beispiel der spezifischen Tätigkeit von Animus und Anima zu geben. Leider sind diese Materialien so umfangreich und verlangen überdies eine solche Fülle an Symbolerklärung, dass ich eine derartige Darstellung nicht in den Rahmen dieser Schrift hineinbringen könnte. Ich habe einige dieser Produkte mit allen ihren symbolischen Zusammenhängen als gesondertes Werk[47] publiziert, auf das ich den Leser verweisen muss. Ich habe dort allerdings nichts vom Animus erwähnt, weil mir diese Funktion damals noch unbekannt war. Wenn ich hingegen einer Patientin anrate, ihre unbewussten Inhalte sich einfallen zu lassen, so wird sie ähnliche Phantasien produzieren. Die darin fast niemals fehlende männliche Heldenfigur ist der Animus. Und die Abfolge der phantastischen Erlebnisse demonstriert die allmähliche Verwandlung und Auflösung des autonomen Komplexes.

Diese Verwandlung ist der Zweck der Auseinandersetzung mit dem Unbewussten. Erfolgt die Verwandlung nicht, so hat das Unbewusste einen unvermindert bedingenden Einfluss, gegebenenfalls wird es neurotische Symptome unterhalten und behaupten, trotz aller Analyse und trotz allen Verstehens, oder es wird eine zwanghafte Übertragung festhalten, die ebenso schlimm ist wie eine Neurose. In solchen Fällen hat

[47] Wandlungen und Symbole der Libido, 1912. Neuausgabe: Symbole der Wandlung, GW 5.

offenbar keine Suggestion, kein guter Wille und kein bloß reduktives Verstehen dazu geholfen, die Macht des Unbewussten zu brechen. Damit soll nun – was ich nochmals deutlich hervorheben möchte – nicht gesagt sein, dass alle psychotherapeutischen Methoden zusammengenommen nichts taugen. Ich möchte bloß die Tatsache betonen, dass es nicht wenige Fälle gibt, wo der Arzt sich zu einer gründlichen Beschäftigung mit dem Unbewussten entschließen muss, zu einer eigentlichen Auseinandersetzung mit dem Unbewussten. Das ist natürlich etwas anderes als *Deutung*. In dem letzteren Fall ist vorausgesetzt, dass der Arzt schon im Voraus *wisse*, damit er *deuten* kann. Im ersteren Fall aber – im Fall der Auseinandersetzung – handelt es sich um etwas anderes als Deutung: Es handelt sich um ein Auslösen unbewusster Vorgänge, die in Form von Phantasien in das Bewusstsein treten. Man kann sich im Deuten dieser Phantasien versuchen. Es mag für viele Fälle auch ganz wesentlich sein, dass der Patient eine Ahnung hat von der Bedeutung der hervorgebrachten Phantasien. Es ist aber von ausschlaggebender Wichtigkeit, dass der Patient die Phantasien vollständig erlebt und sie, insofern ein intellektuelles Verstehen zur Totalität des Erlebnisses gehört, auch versteht. Aber dem Verstehen möchte ich nicht den Vorrang einräumen. Der Arzt muss natürlich dem Patienten zum Verständnis behilflich sein können, er wird und kann aber nicht alles verstehen und sollte sich vor Deutungskünsten tunlichst in Acht nehmen. Denn das Wesentliche in erster Linie ist nicht die Deutung und das Verstehen der Phantasien, sondern vielmehr ihr *Erleben*. Alfred Kubin hat in seinem Buche: ›Die andere Seite‹[48], eine sehr gute Schilderung des Unbewussten gegeben, das heißt, er hat das beschrieben, was der Künstler in ihm am Unbewussten erlebt hat. Es ist ein *künstlerisches Erlebnis*, welches im Sinne eines menschlichen Erlebnisses *unvollständig* ist. Ich möchte jedem, der sich für diese Fragen interessiert, empfehlen, dieses Buch aufmerksam zu lesen. Er wird darin diese Unvoll-

[48] Kubin: Die andere Seite, 1908.

ständigkeit entdecken: Es ist *künstlerisch gesehen und erlebt, aber nicht menschlich.* Unter »menschlichem« Erleben würde ich verstehen, dass die Person des Autors nicht nur passiv in die Vision eingeschlossen wird, sondern den Figuren der Vision mit voller Bewusstheit reagierend und handelnd auch gegenübertritt. Dieselbe Kritik würde ich auch gegenüber der Autorin jener in meinem oben erwähnten Buche behandelten Phantasien machen; auch sie steht der aus dem Unbewussten entstehenden Phantasiebildung nur wahrnehmend, bestenfalls erleidend gegenüber. Eine wirkliche Auseinandersetzung mit dem Unbewussten verlangt aber einen dem Unbewussten gegenübergesetzten bewussten Standpunkt.

Was ich damit meine, will ich an einem Beispiel klarzumachen versuchen. Einer meiner Patienten hatte folgende Phantasie: »Er sieht, wie seine Braut die Straße hinunter zum Flusse läuft. Es ist Winter, und der Fluss ist zugefroren. Sie läuft aufs Eis hinaus, und er folgt ihr. Sie geht weit hinaus, und dort ist das Eis geborsten, eine dunkle Spalte tut sich auf, und er fürchtet, sie könnte sich hineinstürzen. Tatsächlich versinkt sie in der Eisspalte, und er sieht ihr traurig zu.«

Dieses Bruchstück aus einem längeren Zusammenhang lässt deutlich die Einstellung des Bewusstseins erkennen: Sie ist wahrnehmend und erleidend, das heißt, das Phantasiebild ist bloß gesehen und gefühlt, es ist sozusagen zweidimensional, denn er selber ist nur ungenügend daran beteiligt, darum bleibt die Phantasie ein bloßes Bild, zwar anschaulich und gefühlserregend, aber doch traumhaft unwirklich. Diese Unwirklichkeit beruht darauf, dass er selber nicht *wirkend* drin steht. Wäre diese Phantasie eine Wirklichkeit, so wäre er nicht um Mittel verlegen, seine Braut an der Ausführung ihres Selbstmordes zu hindern. Leicht könnte er sie zum Beispiel einholen und sie physisch verhindern, in die Spalte zu springen. Würde er sich in Wirklichkeit so verhalten, wie er sich in der Phantasie verhält, so wäre er offenbar gelähmt, sei es vom Schrecken, sei es vom unbewussten Gedanken, dass er eigentlich gar nichts dagegen habe, wenn sie Selbstmord beginge. Die Tatsache, dass er sich in der Phantasie passiv verhält, ist nur ein Ausdruck für sein Verhältnis zur Tätigkeit des Unbewussten überhaupt: Er ist fasziniert und betäubt vom Unbewussten. In Wirklichkeit leidet er an allen möglichen depressiven Vorstellungen und Überzeugungen, dass er zu nichts tauge, dass er hoffnungslos erblich belastet sei, dass sein Gehirn degeneriere und so weiter. Diese negativen Gefühle sind ebenso viele Autosuggestionen, die er diskussionslos hinnimmt. Er kann sie zwar intellektuell durchaus verstehen und als ungültig erkennen. Aber deshalb bestehen die Gefühle doch. Sie sind intellektuell unangreifbar, denn sie beruhen auf keiner intellektuellen oder vernunftmäßigen Basis, sondern auf einem unbewussten, irrationalen Phantasieleben, das keiner bewussten Kritik zugänglich ist. In solchen Fällen muss man dem Unbewussten Gelegenheit geben, seine Phantasien zu produzieren, und das obige Bruchstück ist nun eben ein solches Produkt unbewusster Phantasietätigkeit. Da es sich um eine psychogene Depression handelt, so beruht seine Depression eben auf solchen Phantasien, deren Vorhandensein ihm aber ganz unbewusst war. Bei echter Melancholie, schwerer Ermüdung, Vergiftung und so weiter läge der Fall umgekehrt: Weil der Patient depressiv ist, hat er solche Phantasien. Im Falle der psychogenen Depression hingegen ist er deprimiert, weil er solche Phantasien hat. Mein Patient ist ein sehr gescheiter junger Mann, der intellektuell über die Kausalität seiner Neurose durch eine längere Analyse aufgeklärt ist. Das intellektuelle Verstehen aber änderte an seiner Depression nichts. In einem solchen Fall sollte sich der Arzt keine nutzlose Mühe geben, sich noch weiter in die Kausalität des Falles hineinzubohren, denn wenn ein mehr oder weniger weitreichendes Verständnis gar nichts nützt, so nützt auch die Entdeckung eines weiteren kausalen Stückchens nichts. In diesem Fall hat das Unbewusste einfach ein unangreifbares Übergewicht, das heißt, es verfügt über eine Attraktivkraft, welche imstande ist, den bewussten Inhalten allen Wert zu nehmen, mit anderen Worten die Libido von der bewussten Welt abzuziehen und dadurch eine »Depression«, ein »abaissement du niveau mental« (Janet) zu erzeugen. In diesem Fall aber müssen wir – nach dem Energiegesetz – eine Anhäufung von Wert (= Libido) im Unbewussten erwarten.

Die Libido ist nie anders fassbar als in einer *bestimmten Form*, das heißt, *sie ist identisch mit Phantasiebildern.* Und wir können sie nur dadurch aus dem Unbewussten wieder befreien, dass wir die ihr entsprechenden Phantasiebilder heraufholen. Deshalb geben wir in einem solchen Falle dem Unbewussten Gelegenheit, seine Phantasien an die Oberfläche gelangen zu lassen. Auf diese Weise ist auch das vorliegende Bruchstück entstanden. Es ist ein Stück aus einer langen Serie von Phantasiebildern von großem Reichtum, welcher jenen Energiebeträgen entspricht, welche dem Bewusstsein und seinen Inhalten verloren gegangen sind. Die bewusste Welt des Patienten ist kalt, leer und grau geworden, das Unbewusste dagegen ist belebt, mächtig und reich. Es ist kennzeichnend für das Wesen der unbewussten Psyche, dass sie sich selbst genügt und keine menschlichen Rücksichten kennt. Was einmal in das Unbewusste gefallen ist, das wird dort behalten, unbekümmert darum, ob das Bewusstsein daran leidet oder nicht. Das Bewusstsein kann verhungern und erfrieren, während es im Unbewussten grünt und blüht.

So wenigstens erscheint es zunächst. Wenn wir aber etwas tiefer nachforschen, so finden wir, dass diese menschliche Unbekümmertheit des Unbewussten einen Sinn hat, ja einen Zweck und ein Ziel. *Es gibt seelische Zwecke, die jenseits bewusster Zwecke liegen*, ja, ihnen sogar feindlich gegenübertreten können. Ein feindliches oder rücksichtsloses Verhalten des Unbewussten gegenüber dem Bewusstsein finden wir nur dort, wo das Bewusstsein eine falsche und anmaßende Einstellung hat.

Die bewusste Einstellung meines Patienten ist so einseitig intellektuell und rational, dass die Natur selber in ihm sich empört und seine ganze bewusste Wertwelt vernichtet. Er kann sich selber aber nicht unintellektuell machen und sich auf eine andere Funktion, zum Beispiel das Gefühl, stützen; ganz einfach darum nicht, weil er sie nicht hat. Das Unbewusste hat sie. Deshalb blieb uns nichts anderes übrig, als dem

Unbewussten gewissermaßen die Führung zu überlassen und ihm die Möglichkeit zu geben, selber in Form von Phantasien Bewusstseinsinhalt zu werden. Wenn der Patient sich früher an seine Intellektwelt klammerte und sich mit Vernünftelei gegen das, was er für seine Krankheit hielt, verteidigte, so muss er sich jetzt ihr eben gerade hingeben, und wenn ihn eine Depression befällt, so darf er sich nicht mehr zu einer Arbeit oder etwas Ähnlichem zwingen, um zu vergessen, sondern er muss seine Depression annehmen und ihr gewissermaßen das Wort überlassen.

Das ist nun gerade das Gegenteil von dem Sich-gehen-Lassen in einer Laune, was für die Neurose so charakteristisch ist; es ist keine Schwäche, kein haltloses Nachgeben, sondern eine schwierige Leistung, die darin besteht, dass man trotz der Verführung der Laune seine Objektivität behält und die Laune zu seinem Objekt macht, statt sie zum dominierenden Subjekt werden zu lassen. Er muss versuchen, seine Stimmung zu sich sprechen zu lassen; seine Laune muss ihm sagen, wie sie aussieht und in was für einer phantastischen Analogie sie sich ausdrücken ließe.

Das oben erwähnte Bruchstück ist ein Stück visualisierter Laune. Hätte er es nicht über sich gebracht, seine Objektivität gegenüber seiner Laune zu behaupten, so hätte er anstelle seines Phantasiebildes bloß das lähmende Gefühl gehabt, es gehe doch alles zum Teufel, er sei unheilbar und so weiter. Weil er aber seiner Laune Gelegenheit gab, sich selber in einem Bilde auszudrücken, so ist es ihm gelungen, wenigstens einen kleinen Betrag an Libido, an unbewusster Gestaltungskraft in der Form eines Bildes zu einem Bewusstseinsinhalt zu machen und damit dem Unbewussten zu entziehen.

Dieser Versuch ist aber ungenügend, denn das geforderte völlige Erleben der Phantasie besteht nicht nur im Anschauen und Erleiden, sondern in einer aktiven Anteilnahme. Der Patient würde dieser Forderung entsprechen, wenn er sich auch in der Phantasie so verhielte, wie er sich in der Wirklichkeit zweifellos verhalten würde. Er würde niemals untätig zuschauen, wie seine Braut sich ertränkt, sondern würde dazwischenspringen und sie an ihrem Vorhaben hindern. Das müsste auch in der Phantasie geschehen. Wenn ihm das gelingt, dass er sich in der Phantasie so verhält, wie er sich in einer ähnlichen wirklichen Situation verhielte, so würde er damit beweisen, dass er die Phantasie *ernst nimmt*, das heißt, dass er dem Unbewussten einen unbedingten Realitätswert beimisst. Damit hätte er einen Sieg errungen über seinen einseitigen intellektuellen Standpunkt und damit indirekt den irrationalen Standpunkt des Unbewussten für gültig erklärt.

Das wäre das geforderte völlige Erleben des Unbewussten. Man darf aber nicht unterschätzen, was das in Wirklichkeit heißt: Meine reale Welt ist bedroht durch phantastische Irrealität. Es ist fast unüberwindlich schwer, auch nur für einen Moment zu vergessen, dass dies alles doch nur eine Phantasie ist, ein imaginatives Erzeugnis, das einem absolut willkürlich und gemacht erscheint. Wie könnte man etwas dergleichen für »real« erklären und sogar ernst nehmen?

Gewiss wird uns nicht zugemutet, an eine Art von Doppelleben zu glauben, indem wir hier bescheidene Durchschnittsbürger sind, dort aber unerhörte Abenteuer erleben und heldenhafte Taten verrichten. Wir dürfen mit anderen Worten unsere Phantasie nicht *konkretisieren*. Der Mensch hat aber eine unheimliche Neigung, dies zu tun, und all die Abneigung gegen die Phantasie und all die kritische Entwertung des Unbewussten entspringen im tiefsten Grunde nur der *Angst vor dieser Neigung*. Beides, das Konkretisieren und die Angst davor, sind primitiver Aberglaube – noch in lebendigster Form – beim sogenannten Aufgeklärten. In seinem bürgerlichen Leben ist einer seines Zeichens Schuhmacher, in seiner Sekte aber bekleidet er die Würde eines Erzengels, oder er ist im Sichtbaren ein kleiner Kaufmann, aber bei den Freimaurern eine dunkle Größe; am Tage sitzt einer im Büro, abends im Zirkel ist er eine Reinkarnation von Julius Cäsar, als Mensch fehlbar, aber in seinem Amt infallibel – das sind die Konkretisierungen, die nicht gemeint sind.

Demgegenüber hat das wissenschaftliche Credo unserer Zeit eine abergläubische Phobie vor der Phantasie entwickelt. *Wirklich aber ist, was wirkt.* Die Phantasien des Unbewussten wirken – darüber ist kein Zweifel gestattet. Auch der gescheiteste Philosoph kann das völligste Opfer einer durchaus blödsinnigen Agoraphobie sein. Unsere famose wissenschaftliche Realität schützt uns nicht im Geringsten vor der sogenannten Irrealität des Unbewussten. Etwas hinter dem Schleier phantastischer Bilder wirkt, ob wir diesem Etwas einen guten oder einen schlechten Namen anhängen. Es ist etwas Wirkliches, weshalb auch seine Lebensäußerungen ernst genommen werden müssen. Man muss aber zuerst die Tendenz des Konkretisierens überwinden, mit anderen Worten, man darf die Phantasien, sobald man an die Frage der Deutung herantritt, nicht wörtlich nehmen. Ja, solange wir im Erleben der Phantasie begriffen sind, kann man sie nicht wörtlich genug nehmen. Wenn wir sie aber verstehen wollen, dann dürfen wir den Schein, eben das Phantasiebild, nicht für das dahinterliegende Wirkende halten. Der Schein ist nicht die Sache selber, sondern bloß ein Ausdruck.

Mein Patient erlebt also nicht die Selbstmordszene »auf einer anderen Ebene« (aber sonst ebenso konkret wie einen wirklichen Selbstmord), sondern er erlebt etwas Wirkliches, das wie ein Selbstmord erscheint. Die beiden gegeneinanderstehenden »Wirklichkeiten«, die Welt des Bewusstseins und die Welt des Unbewussten, machen sich ihren Rang nicht streitig, aber sie machen sich gegenseitig relativ. Dass die Wirklichkeit des Unbewussten sehr relativ sei, wird wohl keinen heftigen Widerspruch erregen, aber dass die Realität der Bewusstseinswelt in Zweifel gezogen werden könnte, das wird weniger gut ertragen. Und doch sind beide »Wirklichkeiten« psychisches Erlebnis, psychischer Schein auf unerkennbar dunkeln Hintergründen. Bei einer kritischen Betrachtung bleibt von *absoluter* Realität nichts übrig.

Vom Wesenhaften und vom absolut Seienden wissen wir nichts. Wir erleben aber verschiedene Wirkungen, durch die Sinne von »außen«, durch die Phantasie von »innen«. Wie wir niemals behaupten würden, dass die grüne Farbe an und für sich existiere, so sollte es uns auch nicht einfallen, ein Phantasieerlebnis als etwas an und für sich Bestehendes und somit als etwas wörtlich zu Nehmendes zu verstehen. Es ist ein Ausdruck, ein Schein, gesetzt für etwas Unbekanntes, aber Wirkliches. Das erwähnte Phantasiebruchstück fällt zeitlich zusammen mit einer Welle von Depression und Verzweiflung, und die Phantasie drückt dieses Ereignis aus. Der Patient hat in Wirklichkeit eine Braut. Sie stellt für ihn das einzige emotionale Band zur Welt dar. Ihr Untergang wäre das Ende seiner Beziehung zur Welt. Dieser Aspekt wäre durchaus hoffnungslos. Seine Braut ist aber auch ein Symbol für seine Anima, das heißt für seine Beziehung zum Unbewussten. Daher drückt die Phantasie zugleich die Tatsache aus, dass seine Anima, ohne von ihm gehindert zu werden, wieder im Unbewussten verschwindet. Dieser Aspekt zeigt, dass seine Laune wieder stärker ist als er. Sie wirft alles über Bord, und er sieht untätig zu. Er könnte aber dazwischentreten und die Anima festhalten.

Ich gebe letzterem Aspekt den Vorzug, denn der Patient ist ein Introvertierter, dessen Beziehung zum Leben durch innere Tatsachen reguliert ist. Wäre er ein Extravertierter, so müsste ich ersteren Aspekt bevorzugen, denn für den Extravertierten wird das Leben in erster Linie durch die Beziehung zum Menschen reguliert. Er könnte aus einer bloßen Laune seine Braut wegschmeißen und damit sich selbst, während der Introvertierte sich dadurch am meisten beschädigt, wenn er seine Beziehung zur Anima, das heißt zum inneren Objekt über den Haufen wirft.

Die Phantasie meines Patienten zeigt also deutlich die negative Bewegung des Unbewussten, das heißt eine Tendenz zur Abkehr von der bewussten Welt, die so energisch verläuft, dass sie auch die Libido des Bewusstseins mitreißt und Letzteres dadurch entleert. Durch die Bewusstmachung der Phantasie aber wird diese verhindert, unbewusst zu verlaufen. Würde der Patient selber (in der oben geschilderten Weise) aktiv eingreifen, so würde er sich sogar in den Besitz der in der Phantasie erscheinenden Libido setzen und dadurch einen etwas verstärkten Einfluss auf das Unbewusste gewinnen.

Fortlaufendes Bewusstmachen der sonst unbewussten Phantasien mit aktiver Anteilnahme am Phantasiegeschehen hat, wie ich in einer nunmehr sehr großen Anzahl von Fällen gesehen habe, die Folge, dass erstens das Bewusstsein erweitert wird, indem zahllose unbewusste Inhalte bewusst werden, dass zweitens der dominierende Einfluss des Unbewussten allmählich abgebaut wird und dass drittens eine *Persönlichkeitsveränderung* stattfindet.

Die Veränderung der Persönlichkeit ist natürlich keine Änderung in der ursprünglichen hereditären Veranlagung, sondern eine Veränderung der allgemeinen Einstellung. Jene scharfen Trennungen und Oppositionen zwischen Bewusst und Unbewusst, welche wir in konfliktreichen, neurotischen Naturen so deutlich sehen, beruhen fast immer auf einer bemerkenswerten Einseitigkeit der bewussten Einstellung, welche einer oder zwei Funktionen den absoluten Vorzug gibt, wodurch die anderen ungebührlich in den Hintergrund gedrängt werden. Durch das Bewusstmachen und Erleben der Phantasien werden die unbewussten und minderwertigen Funktionen dem Bewusstsein assimiliert: ein Vorgang, der natürlich nicht ohne tiefgehende Wirkung auf die Einstellung des Bewusstseins verläuft.

Ich will zunächst absehen von einer Erörterung der Frage, von welcher Art die Persönlichkeitsveränderung ist, indem ich nur die Tatsache, dass eine wesentliche Veränderung stattfindet, hervorheben möchte. Ich habe diese Veränderung, die durch die Auseinandersetzung mit dem Unbewussten erzielt wird, als *transzendente Funktion* bezeichnet. Diese merkwürdige Verwandlungsfähigkeit der menschlichen Seele, die sich eben in der transzendenten Funktion ausdrückt, ist der vornehmste Gegenstand der spätmittelalterlichen *alchemistischen Philosophie*, wo sie durch die bekannte alchemistische Symbolik ausgedrückt wurde. Silberer hat in einem sehr verdienstvollen Werke[49] schon ausführlich auf den psychologischen Gehalt der Alchemie hingewiesen. Es wäre natürlich

[49] Silberer: Probleme der Mystik und ihrer Symbolik, 1914.

ein unverzeihlicher Irrtum, wenn man nach landläufiger Auffassung die »alchymische« Geistesströmung auf Retorten und Schmelzöfen reduzieren wollte. Gewiss, diese Seite hat sie auch, nämlich die tastenden Anfänge der exakten Chemie. Aber sie hat auch eine nicht zu unterschätzende, psychologisch noch ganz ungenügend ausgewertete geistige Seite: Es gab eine »alchymische Philosophie«, die zögernde Vorstufe der modernsten Psychologie. Ihr Geheimnis ist die Tatsache der transzendenten Funktion, der Verwandlung der Persönlichkeit durch die Mischung und Bindung edler und unedler Bestandteile, der differenzierten und der minderwertigen Funktionen, des Bewussten und des Unbewussten.[50]

Wie aber die Anfänge der wissenschaftlichen Chemie durch phantastische Vorstellungen und Willkürlichkeiten entstellt und verwirrt waren, so ist auch die alchymische Philosophie durch die unvermeidlichen Konkretisierungen eines noch groben und unentwickelten Geistes nicht zu einer psychologischen Formulierung durchgedrungen, obschon lebendigste Ahnung größter Wahrheiten die Leidenschaft des mittelalterlichen Denkers an das alchymische Problem verhaftete. Niemand, der den Prozess der Assimilation des Unbewussten völlig durchlaufen hat, wird die Tatsache leugnen, dass er dadurch im Tiefsten ergriffen und verändert wurde.

Ich werde es allerdings meinem Leser nicht verargen, wenn er zweifelnd den Kopf schüttelt, weil er sich nicht vorstellen kann, wieso diese quantité négligeable einer bloßen Phantasie (vide obiges banales Exempel) auch nur den geringsten Einfluss haben könnte. Ich gebe ohne weiteres zu, dass in Anbetracht des Problems der transzendenten Funktion und der ihr zugeschriebenen außergewöhnlichen Wirkung das oben zitierte Phantasiebruchstück nichts weniger als erleuchtend ist. Es ist aber – ich muss hier an das wohlwollende Verständnis meines Lesers appellieren – sehr schwer, irgendwelche Beispiele zu zitieren, indem

[50] Vgl. Psychologie und Alchemie, GW 12.

jedes Beispiel die unangenehme Eigenschaft hat, nur individuell und subjektiv eindrucksvoll und bedeutsam zu sein. Ich rate deshalb meinen Patienten immer, ja nicht naiv zu sein und zu glauben, dass das, was für sie persönlich von größter Bedeutung ist, auch für objektiv bedeutsam zu halten sei.

Die erdrückende Mehrzahl der Menschen ist gänzlich unfähig, sich individuell in die Seele eines andern zu versetzen. Dies ist sogar eine ganz seltene Kunst, die nicht einmal allzu weit reicht. Auch der Mensch, den wir am besten zu kennen vermeinen und der uns selber bestätigt, dass wir ihn restlos verstehen, ist uns im Grunde genommen *fremd*. Er ist *anders*. Und das Äußerste und Beste, was wir zu tun vermögen, ist, dieses Andere wenigstens zu ahnen, zu achten, und uns vor der gewalttätigen Stupidität, es deuten zu wollen, zu hüten.

Ich kann daher nichts Überzeugendes vorbringen, das heißt nichts, was den Leser so überzeugt, wie es denjenigen überzeugt, dem es eigenstes Erlebnis ist. Wir müssen es ihm schon glauben, in Analogie mit dem, was wir selber erfahren haben. Schließlich – wenn alles fehlt – können wir doch das Endresultat, nämlich die Veränderung der Persönlichkeit unzweifelhaft wahrnehmen. Unter diesen Vorbehalten möchte ich meinem Leser ein anderes Phantasiebruchstück vorsetzen, diesmal von einer Frau. Der in die Augen springende Unterschied zum vorigen Beispiel ist die *Totalität des Erlebnisses*. Die Schauende nimmt aktiv Anteil, wodurch sie sich den Besitz des Prozesses erwirbt. Ich habe von diesem Fall ein ausgedehntes Material, welches in einer durchgreifenden Änderung der Persönlichkeit gipfelt. Das Bruchstück stammt aus dem späteren Verlauf der Persönlichkeitsentwicklung und ist ein organischer Teil einer langen zusammenhängenden Serie von Wandlungen, welche die Erreichung des *Mittelpunktes der Persönlichkeit* zum Ziele hat.

Es ist vielleicht nicht ohne weiteres verständlich, was unter dem Begriffe eines »Mittelpunktes der Persönlichkeit« gemeint sein soll. Ich will deshalb versuchen, in wenigen Worten dieses Problem zu skizzieren.

Wenn man sich das Bewusstsein mit dem Ich als Zentrum dem Unbewussten gegenübergestellt denkt und wenn man sich nun den Prozess der Assimilation des Unbewussten dazu vorstellt, so kann man sich diese Assimilation als eine Art von Annäherung zwischen Bewusstsein und Unbewusstem denken, wobei das Zentrum der totalen Persönlichkeit nicht mehr mit dem Ich zusammenfällt, sondern ein Punkt in der Mitte zwischen Bewusstsein und Unbewusstem ist. Dies wäre der Punkt des neuen Gleichgewichtes, eine neue Zentrierung der Gesamtpersönlichkeit, ein vielleicht virtuelles Zentrum, welches der Persönlichkeit wegen seiner zentralen Lage zwischen Bewusstsein und Unbewusstem eine neue sichere Grundlage gewährt. Ich gebe natürlich zu, dass solche Visualisierungen nie mehr sind als plumpe Versuche des ungeschickten Geistes, unaussprechliche, kaum zu beschreibende psychologische Tatsachen auszudrücken. Ich könnte dasselbe auch in den Worten des Paulus ausdrücken: »Doch nun nicht ich lebe, sondern Christus lebet in mir.« Oder ich könnte Laotse anrufen und mir sein Tao, den Weg der Mitte und aller Dinge schöpferische Mitte, aneignen. Gemeint ist in allen Fällen dasselbe. Ich rede hier als Psychologe mit einem wissenschaftlichen Gewissen und aus diesem heraus muss ich sagen, dass diese Tatsachen psychische Faktoren sind von unbestreitbarer Wirkung; nicht Erfindungen eines müßigen Geistes, sondern bestimmte psychische Ereignisse, die ganz bestimmten Gesetzen gehorchen und ihre gesetzmäßigen Ursachen und Wirkungen haben, weshalb wir sie bei den verschiedensten Völkern und Rassen heute sowohl wie vor Tausenden von Jahren nachweisen können. Ich habe keine Theorie darüber, woraus diese Vorgänge bestehen. Dazu müsste man wohl schon wissen, woraus die Psyche besteht. Ich begnüge mich zunächst einmal mit dem Feststellen von Tatsachen.

Ich komme nun zu unserem Beispiel. Es handelt sich um eine Phantasie von intensiv visuellem Charakter; etwas, das man in altertümlicher Sprache als ein »Gesicht« bezeichnen würde; aber kein »Traumgesicht«, sondern eine »Vision«, die einfach durch intensive Konzentration auf den Bewusstseinshintergrund wahrgenommen wird, was allerdings erst

stattfinden kann, wenn längere Übung vorausgegangen ist.[51] Die Patientin sah Folgendes (in ihren eigenen Worten erzählt):
»Ich stieg den Berg hinan und kam zu einem Orte, wo ich sieben rote Steine vor mir, je sieben auf beiden Seiten und sieben hinter mir sah. Ich stand im Zentrum dieses Vierecks. Die Steine waren flach wie Stufen. Ich versuchte, die vier nächsten Steine aufzuheben. Dabei entdeckte ich, dass diese Steine Piedestale waren von vier Götterstatuen, die kopfunter im Boden begraben waren. Ich grub sie aus und richtete sie um mich her auf, so dass ich in ihrer Mitte stand. Plötzlich senkten sie sich gegeneinander und berührten sich mit den Köpfen, so dass sie nun etwas wie ein Zelt über mir formten. Ich selber fiel zu Boden und sagte: ›Fallt auf mich, wenn ihr müsst. Ich bin müde.‹ Da sah ich, dass außen, um die vier Götter, ein Kreis von Flammen sich gebildet hatte. Nach einiger Zeit erhob ich mich wieder vom Boden und warf die Götterstatuen um. Wo sie auf den Boden fielen, wuchsen vier Bäume. Darauf schossen im Feuerkreis blaue Flammen empor, welche anfingen, das Laub der Bäume zu verbrennen. Worauf ich sagte: ›Das muss ein Ende nehmen, ich selber muss ins Feuer hineingehen, so dass das Laub nicht verbrannt wird.‹ Darauf trat ich ins Feuer hinein. Die Bäume verschwanden, und der Feuerkreis zog sich zusammen in eine einzige große blaue Flamme, die mich vom Boden emporhob.«

Hier endete die Vision. Leider sehe ich keinen Weg und kein Mittel, dem Leser den überaus interessanten Sinn dieser Vision beweisend klarzumachen. Das Bruchstück ist aus einem großen Zusammenhang herausgerissen, und man müsste alles erklären, was vorher und nachher geschah, um die Bedeutung des Bildes zu erfassen. Immerhin kann der unvoreingenommene Leser ohne weiteres die Idee des »Mittelpunktes« erkennen, der durch eine Art von Aufstieg (Bergsteigen = Anstrengung,

[51] Diese Methode wurde andernorts als *aktive Imagination* bezeichnet. Vgl. Psychologie und Religion, GW 11, §§ 137 f.

Bemühung) erreicht wird. Er wird auch ohne Mühe das berühmte, mittelalterliche Problem der Quadratur des Zirkels, das mit in die alchymische Sphäre gehört, wiedererkennen. Hier steht es an richtiger Stelle, als ein Symbolausdruck der Individuation. Die Gesamtpersönlichkeit ist gekennzeichnet durch die vier Kardinalpunkte des Horizontes, die vier Götter, das heißt die vier Funktionen[52], welche die Orientierung im psychischen Raum ergeben, und durch den Kreis, der das Ganze zusammenschließt. Die Überwindung der vier Götter, welche das Individuum zu erdrücken drohen, bedeutet die Befreiung von der Identität mit den vier Funktionen, ein vierfaches »nirdvandva« (»frei von Gegensätzen«); dadurch entsteht eine Annäherung an den Kreis, an die ungeteilte Ganzheit. Daraus wiederum ergibt sich weitere Erhebung.

Ich muss mich mit diesen Andeutungen begnügen. Wer sich die Mühe nimmt, darüber nachzudenken, der wird sich ungefähr eine Idee machen können von der Art, wie die Persönlichkeitsverwandlung vor sich geht. Durch ihre aktive Anteilnahme vermischt sich die Patientin mit den unbewussten Vorgängen, und sie ergreift dadurch Besitz von ihnen, dass sie sich von ihnen ergreifen lässt. So verbindet sie Bewusstes und Unbewusstes. Das Resultat ist die Aufwärtsbewegung in der Flamme, die Verwandlung in der alchymischen Hitze, die Entstehung des »feinen Geistes«. Das ist die transzendente Funktion, die sich aus der Vereinigung der Gegensätze ergibt.

Ich muss an dieser Stelle eines wesentlichen Missverständnisses gedenken, dem meine Leser oft verfallen, und zwar gewöhnlich die Ärzte. Ich weiß nicht, aus welchem Grunde sie stets voraussetzen, dass ich über nichts anderes schreibe als über meine Behandlungsmethode. Dies ist hier ganz und gar nicht der Fall. Ich schreibe über *Psychologie*. Ich hebe darum ausdrücklich hervor, dass meine Behandlungsmethode nicht darin besteht, dass ich meinen Patienten seltsame Phantasien verursache, denen sie nachhängen müssen, wodurch dann ihre Persönlich-

[52] Vgl. dazu: Psychologische Typen, GW 6.

keit verändert wird, und dergleichen Unsinn mehr, sondern ich konstatiere bloß, dass es gewisse Fälle gibt, in denen eine solche Entwicklung stattfindet, nicht, weil ich jemanden dazu zwinge, sondern weil es aus seiner inneren Notwendigkeit hervorgeht. Für nicht wenige meiner Patienten sind und bleiben diese Dinge böhmische Dörfer. Ja, wenn sie überhaupt eine Möglichkeit hätten, einen solchen Weg zu beschreiten, so wäre er für sie ein beklagenswerter Irrweg, und ich wäre der Erste, der sie davon abhielte. Der Weg der transzendenten Funktion ist ein individuelles Schicksal. Auch darf man unter keinen Umständen glauben, dass ein derartiger Weg identisch sei mit einem psychischen Anachoretentum, einer Entfremdung von Leben und Welt. Ganz im Gegenteil sogar ist ein solcher Weg überhaupt nur möglich und erfolgreich, wenn die eigenartigen weltlichen Aufgaben, die sich solchen Individuen stellen, auch in Wirklichkeit in Angriff genommen werden. Die Phantasien sind nicht Ersatz für Lebendiges, sondern Früchte des Geistes, die dem zufallen, der dem Leben seinen Tribut zahlt. Der Drückeberger erlebt nichts als seine morbide Angst, und die gebiert ihm keinen Sinn. Auch wird jener mit diesem Wege nie bekannt, der den Rückweg zur Mutter Kirche gefunden hat. In ihren Formen ist unzweifelhaft das mysterium magnum eingeschlossen. Er kann darin sinnvoll leben. Und schließlich wird auch der Normalmensch von solcher Wissenschaft nie bedrückt werden, denn er begnügt sich ja von jeher mit dem wenigen, das in seiner Reichweite ist. Ich bitte daher meinen Leser zu verstehen, dass ich von Vorkommnissen schreibe und nicht Behandlungsmethoden vortrage.

Die beiden Beispiele von Phantasien stellen die positive Anima- und Animustätigkeit dar. In dem Maße, als der Patient aktiven Anteil nimmt, verschwindet die personifizierte Figur von Animus oder Anima. Sie wird zur Funktion der Beziehung von Bewusstsein und Unbewusstem. Wenn aber die unbewussten Inhalte (eben solche Phantasien) nicht »realisiert« werden, so entsteht daraus eine negative Tätigkeit und eine Personifikation, das heißt Autonomie von Animus und Anima. Es entstehen psychische Abnormitäten, Besessenheitszustände in allen Graden von gewöhnlichen Launen und »Ideen« bis zur Psychose. Alle diese Zustände sind gekennzeichnet durch ein und dieselbe Tatsache, nämlich dass ein unbekanntes Etwas von einem kleineren oder größeren Teil der Psyche Besitz ergriffen hat, seine widerwärtige und schädliche Existenz gegen alle Einsicht, alle Vernunft und alle Energie ungestört behauptet und damit die Macht des Unbewussten dem Bewusstsein gegenüber bekundet, also *Besessenheit* schlechthin. In diesem Falle entwickelt der besessene Seelenteil in der Regel eine Animus- oder Animapsychologie. Der Incubus der Frau besteht aus mehreren männlichen Unholden, der Succubus des Mannes ist ein Weib.

Dieser eigentümliche Begriff einer Seele, die je nach der bewussten Einstellung selbständig existiert oder in eine Funktion verschwindet, hat, wie jedermann leicht einsieht, mit dem christlichen Seelenbegriff auch nicht im Entferntesten etwas zu tun.

Die Phantasie meiner Patientin ist ein typisches Beispiel für die Art der Inhalte, welche vom *kollektiven Unbewussten* produziert werden. Obschon die Form durchaus subjektiv und individuell ist, so ist doch der Gehalt *kollektiv*, das heißt, es sind allgemeine Bilder und Ideen, die bei vielen Menschen vorkommen, also Stücke, die das Individuum anderen Menschen angleichen. Wenn solche Inhalte unbewusst bleiben, so ist das Individuum durch sie unbewusst vermischt mit anderen Individuen, mit anderen Worten, es ist nicht unterschieden, nicht individuiert.

Man kann hier die Frage aufwerfen, warum es denn wünschenswert sei, dass ein Mensch sich individuiere. Es ist nicht nur wünschenswert, sondern sogar unerlässlich, weil durch die Vermischung das Individuum in Zustände gerät und Handlungen begeht, die es uneinig mit sich selber machen. Von jeder unbewussten Vermischung und Unabgetrenntheit geht nämlich ein Zwang aus, so zu sein und zu handeln, wie man selber nicht ist. Man kann darum weder einig damit sein, noch kann man dafür Verantwortung übernehmen. Man fühlt sich in einem entwürdigenden, unfreien und unethischen Zustand. Die Uneinigkeit mit sich selber aber ist eben der neurotische und unerträgliche Zustand, aus dem man sich erlösen möchte. Eine Erlösung aus diesem Zustand aber ergibt sich erst dann, wenn man so sein und so handeln kann, wie man fühlt, dass man ist. Dafür haben die Menschen ein Gefühl, zunächst vielleicht dämmerhaft und unsicher, mit fortschreitender Entwicklung aber immer stärker und deutlicher werdend. Wenn man von seinen Zuständen und seinen Handlungen sagen kann: »Das bin ich, so handle ich«, so kann man einig damit gehen, auch wenn es einem schwer fällt, und man kann Verantwortung dafür übernehmen, auch wenn man sich dagegen sträubt. Es muss allerdings anerkannt werden, dass man nichts schwerer erträgt als sich selbst. (»Du suchtest die schwerste Last, da fandest du dich.« Nietzsche) Aber auch diese schwerste Leistung wird möglich, wenn man sich von den unbewussten Inhalten unterscheiden kann. Der Introvertierte entdeckt diese Inhalte in sich selber, der Extravertierte aber als Projektion im menschlichen Objekt. In beiden Fällen bewirken die unbewussten Inhalte verblendende Illusionen, die uns selber und unsere Beziehungen zum Mitmenschen verfälschen und unwirklich machen. Aus diesen Gründen ist die Individuation für gewisse Menschen unerlässlich, nicht nur als eine therapeutische Notwendigkeit, sondern als ein hohes Ideal, eine Idee vom Besten, das man tun kann. Ich darf nicht unterlassen zu bemerken, dass es zugleich das urchristliche Ideal ist vom Reich Gottes, das »inwendig in Euch ist«. Die diesem Ideal zugrunde liegende Idee ist, dass aus rechter Gesinnung das rechte Handeln hervorgehe, und dass es keine Heilung und keine Weltverbesserung gibt, die nicht beim Individuum selber angefangen hat. Wer selber ein Armenhäusler ist oder auf Pump lebt, wird die soziale Frage nie lösen – um es drastisch zu sagen.

8. Die Mana-Persönlichkeit

Mein Ausgangsmaterial für die hier folgende Erörterung sind diejenigen Fälle, in denen das zustande gekommen ist, was im vorigen Kapitel als nächstes Ziel dargestellt wurde, nämlich die Überwindung der Anima als eines autonomen Komplexes und ihre Verwandlung in eine Funktion der Beziehung des Bewussten zum Unbewussten. Mit der Erreichung dieses Zieles gelingt es, das Ich aus allen seinen Verwicklungen mit der Kollektivität und dem kollektiven Unbewussten herauszulösen. Durch diesen Prozess verliert die Anima die dämonische Macht des autonomen Komplexes, das heißt, sie kann keine Besessenheit mehr ausüben, da sie depotenziert ist. Sie ist nicht mehr die Hüterin unbekannter Schätze, sie ist nicht mehr Kundry, die dämonische Gralsbotin von göttlich-tierischer Natur, nicht mehr die »Herrin-Seele«, sondern eine psychologische Funktion intuitiver Natur, von der man mit den Primitiven sagen könnte: »Er geht in den Wald, um mit den Geistern zu reden«, oder: »Meine Schlange sprach zu mir«, oder in der mythologischen Infantilsprache ausgedrückt: »Der kleine Finger hat es mir gesagt.«

Diejenigen meiner Leser, die Rider Haggards Schilderung der »She-who-must-be-obeyed« kennen, werden sich gewiss an die Zaubermacht dieser Persönlichkeit erinnern. »She« ist eine *Mana-Persönlichkeit*, das heißt ein Wesen voll okkulter, zauberischer Eigenschaft (Mana), ausgerüstet mit magischen Kenntnissen und Kräften. Alle diese Attribute entstammen natürlich der *naiven Projektion einer unbewussten Selbsterkenntnis*, die in weniger poetischen Worten ausgedrückt etwa so lauten würde: »Ich anerkenne, dass ein psychischer Faktor in mir tätig ist, der sich meinem bewussten Willen in der unglaublichsten Weise entziehen kann. Er kann mir außerordentliche Ideen in den Kopf setzen, mir ungewollte und unwillkommene Launen und Affekte verursachen, mich zu erstaunlichen Handlungen, für die ich keine Verantwortung übernehmen kann, veranlassen, meine Beziehungen zu anderen Menschen in irritierender Weise stören und so weiter. Ich fühle mich ohnmächtig dieser Tatsache gegenüber, und was das Allerschlimmste ist: Ich bin in sie verliebt, so dass ich sie erst noch bewundern muss.« (Poeten nennen dies oft das künstlerische Temperament, Unpoetische entschuldigen sich in anderer Weise.)

Wenn nun der Faktor »Anima« sein Mana verliert, wohin ist es gegangen? Offenbar hat der, der die Anima meisterte, jenes Mana erworben, entsprechend der primitiven Vorstellung, dass der, der die Mana-Person erschlägt, sich ihr Mana einverleibt.

Wer hat sich nun mit der Anima auseinandergesetzt? Offenbar das bewusste Ich, und daher hat das Ich das Mana übernommen. So wird das bewusste Ich zur Mana-Persönlichkeit. Die Mana-Persönlichkeit aber ist eine *Dominante* des kollektiven Unbewussten, der bekannte Archetypus des mächtigen Mannes in Form des Helden, des Häuptlings, des Zauberers, Medizinmannes und Heiligen, des Herrn über Menschen und Geister, des Freundes Gottes.

Dies ist nunmehr eine männliche Kollektivfigur, die aus dem dunkeln Hintergrund auftaucht und von der bewussten Persönlichkeit Besitz ergreift. Diese seelische Gefahr ist subtiler Natur, sie kann durch Inflation des Bewusstseins alles vernichten, was durch die Auseinandersetzung mit der Anima etwa gewonnen wurde. Es ist daher praktisch von nicht geringer Wichtigkeit zu wissen, dass in der Hierarchie des Unbewussten die Anima bloß die unterste Stufe ist und eine der möglichen Figuren, und dass ihre Überwindung eine andere Kollektivfigur konstelliert, welche nunmehr ihr Mana übernimmt. In Wirklichkeit ist es nämlich die Figur des *Zauberers* – wie ich sie kurzweg benennen will –, die das Mana, das heißt den autonomen Wert der Anima an sich zieht. Nur insofern ich unbewusst mit dieser Figur identisch bin, kann ich mir einbilden, selber das Mana der Anima zu besitzen. Aber ich werde es unter diesen Umständen unfehlbar tun.

Die Figur des Zauberers hat bei Frauen ein nicht weniger gefährliches Äquivalent: Es ist eine mütterlich-überlegene Figur, die große Mutter, die Allerbarmerin, die alles versteht und alles verzeiht und immer das Beste gewollt hat, die stets für andere gelebt und niemals das Ihre gesucht hat, die Entdeckerin der großen Liebe, so wie er der Verkünder der letzten Wahrheit ist. Und wie die große Liebe nie gewürdigt wird, so wird auch die große Weisheit nie verstanden. Und gegenseitig können sie sich erst recht nicht ausstehen.

Hier muss ein bedenkliches Missverständnis liegen, denn es handelt sich zweifellos um eine Inflation. Das Ich hat sich etwas angeeignet, was ihm nicht zugehört. Aber wie hat es sich dieses Mana angeeignet? Wenn es wirklich das Ich war, das die Anima überwunden hat, so gehört ihm auch das Mana, und dann ist die Schlussfolgerung richtig: Man ist bedeutend geworden. Warum aber wirkt diese Bedeutung, das Mana, auf andere nicht? Das wäre doch ein wesentliches Kriterium! Es wirkt nicht, weil man eben nicht bedeutend geworden, sondern bloß in die Vermischung mit einem Archetypus, einer weiteren unbewussten Figur gefallen ist. Also, müssen wir schließen, hat das Ich die Anima auch gar nicht überwunden und daher das Mana auch nicht erworben. Es ist bloß eine neue Vermischung eingetreten, mit einer der Vaterimago entsprechenden, gleichgeschlechtlichen Figur von womöglich noch größerer Macht.

»Von der Gewalt, die alle Wesen bindet,
Befreit der Mensch sich, der sich überwindet.«[53]

So wird er zum Übermenschen, der allen Gewalten überlegen ist, ein Halbgott, vielleicht noch mehr … »Ich und der Vater sind eins«, dies gewaltige Bekenntnis in all seiner furchtbaren Zweideutigkeit entstammt eben gerade diesem psychologischen Momente.

Demgegenüber kann sich unser kläglich beschränktes Ich, wenn es nur einen Funken von Selbsterkenntnis besitzt, nur zurückziehen und jede Illusion von Macht und Bedeutung schleunigst fallen lassen. Es war eine Täuschung: Das Ich hat die Anima nicht überwunden und ihr Mana daher nicht erworben. Das Bewusstsein ist nicht Herr über das Unbewusste geworden, sondern die Anima hat ihre herrische Anmaßung in dem Grade eingebüßt, als das Ich sich mit dem Unbewussten auseinandersetzen konnte. Diese Auseinandersetzung aber war nicht ein Sieg

[53] Goethe: Die Geheimnisse. Ein Fragment, in: Werke in zehn Bänden, Bd. 7, 1962.

des Bewusstseins über das Unbewusste, sondern die Herstellung eines Gleichgewichtes zwischen beiden Welten.

Der »Zauberer« konnte nur darum Besitz vom Ich ergreifen, weil das Ich von einem Sieg über die Anima träumte. Das war ein Übergriff, und jeder Übergriff des Ich ist gefolgt von einem Übergriff des Unbewussten:

»In verwandelter Gestalt
Üb' ich grimmige Gewalt.«[54]

Wenn daher das Ich seinen Anspruch auf einen Sieg fallen lässt, so hört auch automatisch die Besessenheit durch den Zauberer auf. Wo aber bleibt das Mana? Wer oder was wird Mana, wenn sogar der Zauberer nicht mehr zaubern kann? Wir wissen bis jetzt nur, dass weder das Bewusstsein noch das Unbewusste Mana hat; denn es ist sicher, wenn das Ich keinen Anspruch auf Macht erhebt, dann entsteht auch keine Besessenheit, das heißt, auch das Unbewusste hat seine Vormacht verloren. In diesem Zustand muss also das Mana einem Etwas zugefallen sein, das bewusst und unbewusst oder weder bewusst noch unbewusst ist. Dieses Etwas ist der gesuchte »Mittelpunkt« der Persönlichkeit, jenes unbeschreibliche Etwas zwischen den Gegensätzen oder das Vereinigende der Gegensätze oder das Resultat des Konfliktes oder die »Leistung« der energetischen Spannung, das Werden der Persönlichkeit, ein individuellster Schritt vorwärts, die nächste Stufe.

Ich werde es dem Leser nicht zumuten, der obigen rapiden Übersicht über das ganze Problem in allen Stücken zu folgen. Er möge sie als eine Art Exposition betrachten, deren nähere gedankliche Ausarbeitung ich erst im Folgenden geben werde.

Der Ausgangspunkt für unser Problem ist der Zustand, der folgt, wenn die unbewussten Inhalte, welche das Anima- und Animusphänomen

[54] Goethe: Faust II, 5. Akt, 4. Szene, in: Werke in zehn Bänden, Bd. 4, 1961.

verursachen, genügend ins Bewusstsein übergeführt sind. Man denkt sich dies am besten in der folgenden Weise: Die unbewussten Inhalte sind zunächst Dinge der persönlichen Atmosphäre, vielleicht in der Art der oben angeführten Phantasie des männlichen Patienten. Später entwickeln sich Phantasien des unpersönlichen Unbewussten, die wesentlich kollektive Symbolik enthalten, etwa in der Art der Vision meiner Patientin. Diese Phantasien sind nun nicht wild und regellos, wie man etwa naiverweise meinen könnte, sondern sie folgen bestimmten unbewussten Richtlinien, welche konvergierend auf ein bestimmtes Ziel zulaufen. Man könnte daher diese späteren Phantasieserien am besten mit *Initiationsprozessen* vergleichen, weil diese die nächste Analogie dazu sind. Alle einigermaßen organisierten primitiven Gruppen und Stämme haben ihre oft außerordentlich entwickelten Initiationen, welche in ihrem sozialen und religiösen Leben eine ungemein bedeutende Rolle spielen.[55] Durch sie werden Knaben zu Männern, Mädchen zu Frauen gemacht. Die Kavirondos beschimpfen diejenigen, die sich der Zirkumzision oder Exzision nicht unterwerfen, als »Tiere«. Das zeigt, dass die Initiationsgebräuche die magischen Mittel sind, durch die der Mensch aus dem tierischen Zustand in den menschlichen Zustand übergeführt wird. Die primitiven Initiationen sind offenkundig *Verwandlungsmysterien* von größter geistiger Bedeutung. Sehr oft werden die Initianden qualvollen Behandlungsmethoden unterworfen, und zugleich werden ihnen die Stammesmysterien mitgeteilt, die Gesetze und die Hierarchie des Stammes einerseits, andererseits kosmogonische und andere mythische Lehren. Die Initiationen haben sich bei allen Kulturvölkern erhalten. In Griechenland erhielten sich die uralten, eleusinischen Mysterien anscheinend bis ins 7. christliche Jahrhundert. Rom war überschwemmt mit Mysterienreligionen. Eine davon ist das Christentum, das auch in seiner heutigen Form noch, allerdings abgeblasst und degeneriert, die alten Initiationszeremonien in Taufe, Konfirmation und Abendmahl erhal-

[55] Vgl. Webster: Primitive Secret Societies, 1908.

ten hat. Es wird daher niemand in der Lage sein, die enorme historische Bedeutung der Initiationen zu leugnen.

Dieser historischen Wichtigkeit der Initiationen (man vergleiche die Zeugnisse der Alten in Hinsicht der eleusinischen Mysterien!) hat die Moderne nichts an die Seite zu stellen. Freimaurerei, l'Église Gnostique de la France, legendäre Rosenkreuzer, Theosophie und so weiter sind schwächliche Ersatzprodukte für etwas, das auf der historischen Verlustliste besser mit roten Lettern anzumerken wäre. Tatsache ist, dass in den unbewussten Inhalten die ganze Initiationssymbolik in unmissverständlicher Deutlichkeit auftritt. Der Einwurf, dass dies doch alter Aberglaube und gänzlich unwissenschaftlich sei, ist ebenso intelligent, wie wenn jemand beim Anblick einer Choleraepidemie bemerkte, dass dies bloß eine Infektionskrankheit und überdies unhygienisch sei. Es handelt sich ja nicht, wie ich immer wieder betonen muss, um die Frage, ob die Initiationssymbole objektive Wahrheiten seien oder nicht, sondern bloß darum, ob diese unbewussten Inhalte Äquivalente der Initiationspraktiken sind oder nicht, und ob sie einen Einfluss auf die menschliche Psyche haben oder nicht. Auch ist es keine Frage, ob sie wünschenswert sind oder nicht. Es genügt, dass sie vorhanden sind und dass sie wirken.

Da ich dem Leser in diesem Zusammenhang unmöglich solche zum Teil sehr langen Bilderserien ausführlich vorsetzen kann, so möge er sich zunächst mit den wenigen Beispielen begnügen und im Übrigen meiner Behauptung, dass es folgerichtig aufgebaute, zielgerichtete Zusammenhänge sind, Vertrauen schenken. Ich gebrauche das Wort »zielgerichtet« allerdings mit einer gewissen Zögerung. Dieses Wort will mit Vorsicht und Einschränkungen gebraucht sein. Bei Geisteskranken kann man nämlich Traumserien und bei Neurotischen Phantasieserien beobachten, die so gut wie ziellos in sich selber verlaufen. Der junge Patient, dessen Suizidphantasie ich oben erwähnte, ist auf dem besten Wege zur Produktion von ziellosen Phantasieserien, wenn er nicht lernt, aktiv Anteil zu nehmen und bewusst einzugreifen. Nur dadurch entsteht Richtung auf ein Ziel. Das Unbewusste ist ein reiner Naturvorgang einerseits ohne Absicht, aber andererseits mit jenem potentiellen Gerichtetsein, das für jeden energetischen Vorgang schlechthin charakteristisch ist. Wenn aber das Bewusstsein aktiv Anteil nimmt und jede Stufe des Prozesses erlebt und wenigstens ahnungsweise versteht, so setzt das nächste Bild jeweils auf der dadurch gewonnenen höheren Stufe an, und so entsteht Zielrichtung.

Das nächste Ziel der Auseinandersetzung mit dem Unbewussten ist die Erreichung eines Zustandes, in dem die unbewussten Inhalte nicht mehr unbewusst bleiben und sich nicht mehr indirekt als Anima- und Animusphänomene ausdrücken, also eines Zustandes, in welchem die Anima (und der Animus) zu einer Funktion der Beziehung zum Unbewussten werden. Solange sie dies nicht sind, sind sie autonome Komplexe, das heißt Störungsfaktoren, welche die Bewusstseinskontrolle durchbrechen und sich somit wie richtige Störenfriede benehmen. Weil dies eine so allgemein bekannte Tatsache ist, so hat sich auch mein Ausdruck »Komplex« in diesem Sinne im allgemeinen Sprachgebrauch eingebürgert. Je mehr »Komplexe« einer hat, desto mehr ist er besessen, und wenn man versucht, sich ein Bild jener Persönlichkeit zu machen, die sich durch seine Komplexe ausdrückt, so kommt man gegebenenfalls zum Schlusse, dass es ein hysterisches Weib sein müsse – daher Anima! Wenn er sich nun aber seine unbewussten Inhalte bewusst macht, zunächst als Tatsacheninhalte seines persönlichen Unbewussten, sodann als Phantasien des kollektiven Unbewussten, so gelangt er zu den Wurzeln seiner Komplexe, und damit erreicht er die Auflösung seiner Besessenheit. Damit hört das Animaphänomen auf.

Jenes gewisse Übermächtige aber, welches die Besessenheit verursacht hat – was ich nicht abschütteln kann, muss mir in irgendeiner Weise überlegen sein –, sollte logischerweise mit der Anima verschwinden; man sollte »komplexfrei« werden, sozusagen psychologisch stubenrein. Es sollte nichts mehr geschehen, was das Ich nicht erlaubt, und wenn das Ich etwas will, so sollte nichts imstande sein, störend dazwischenzutreten. Damit wäre dem Ich eine unangreifbare Stellung gesichert, die Unentwegtheit eines Übermenschen oder die Überlegenheit eines vollkommenen Weisen. Beide Figuren sind Idealbilder, Napoleon einerseits, Laotse andererseits. Beide Figuren entsprechen dem Begriff des »außergewöhnlich Wirkungsvollen«, welchen Ausdruck Lehmann in seiner bekannten Monographie[56] erklärend für *Mana* setzt. Ich nenne daher eine solche Persönlichkeit einfach *Mana-Persönlichkeit*. Sie entspricht einer Dominante des kollektiven Unbewussten, einem Archetypus, der sich in der menschlichen Psyche seit unvordenklichen Zeiten durch entsprechende Erfahrung ausgebildet hat. Der Primitive analysiert nicht und gibt sich keine Rechenschaft darüber, warum ein anderer ihm überlegen ist. Ist er klüger und stärker als er, so hat er eben Mana, das heißt, er hat eben eine größere Kraft; er kann diese Kraft auch verlieren, vielleicht, weil im Schlaf jemand über ihn hinweggestiegen oder ihm einer auf den Schatten getreten ist.

Die Mana-Persönlichkeit entwickelt sich historisch zur Heldenfigur und zum Gottmenschen[57], dessen irdische Figur der Priester ist. Wie sehr auch der Arzt noch Mana-Persönlichkeit ist, davon können die Analytiker etwas erzählen. Insofern nun das Ich anscheinend die der Anima zugehörige Macht an sich zieht, wird das Ich direkt zur Mana-Persönlichkeit. Diese Entwicklung ist eine fast regelmäßige Erscheinung. Ich habe noch keinen mehr oder weniger vorgeschrittenen Entwicklungsprozess dieser Art gesehen, wo nicht wenigstens vorübergehend eine Identifikation mit dem Archetypus der Mana-Persönlichkeit stattgefunden hätte. Und es ist das Allernatürlichste von der Welt, dass es so geschieht, denn man erwartet es nicht nur selber, sondern alle anderen erwarten es ebenfalls. Man kann es kaum hindern, dass man sich nicht ein bisschen bewundert, weil man tiefer hineingesehen hat als andere,

[56] Lehmann: Mana, 1922.

[57] Der allerchristlichste König konnte, nach dem Volksglauben, mit seinem Mana Epilepsie durch Handauflegen heilen.

und die anderen haben ein solches Bedürfnis, irgendwo einen tastbaren Helden oder einen überlegenen Weisen, einen Führer und Vater, eine unzweifelhafte Autorität zu finden, dass sie mit der größten Bereitwilligkeit auch Duodezgöttern Tempel bauen und weihräuchern. Es ist nicht nur die lamentable Torheit der urteilslosen Nachbeter, sondern ein psychologisches Naturgesetz, dass das, was früher war, auch immer wieder sein wird. Und dies wird auch immer wieder so sein, solange nicht das Bewusstsein die naive Konkretisierung der Urbilder unterbricht. Ich weiß nicht, ob es wünschenswert ist, dass das Bewusstsein die ewigen Gesetze alteriert; ich weiß nur, dass es sie bisweilen alteriert und dass diese Maßnahme für gewisse Menschen eine vitale Notwendigkeit ist, was aber eben dieselben öfters nicht hindert, sich dann selber auf den Thron des Vaters zu setzen, um damit die alte Regel nochmals wahr zu machen. Ja es ist kaum abzusehen, wie man der Übermacht der Urbilder entrinnen könnte.

Ich glaube auch gar nicht, dass man dieser Übermacht entrinnen kann. Man kann nur seine Einstellung dazu ändern und es damit verhindern, dass man naiv in einen Archetypus hineinfällt und dann auf Kosten seiner Menschlichkeit eine Rolle zu spielen gezwungen ist. Die Besessenheit durch einen Archetypus macht den Menschen zu einer bloß kollektiven Figur, zu einer Art Maske, hinter der das Menschliche sich nicht mehr entwickeln kann, sondern zunehmend verkümmert. Man muss sich daher die Gefahr, der Dominante der Mana-Persönlichkeit zu verfallen, bewusst halten. Die Gefahr besteht nicht nur darin, dass man selber zur Vatermaske wird, sondern auch darin, dass man dieser Maske verfällt, wenn sie ein anderer trägt. Meister und Schüler sind in diesem Sinn dasselbe.

Die Auflösung der Anima bedeutet, dass man Einsicht gewonnen hat in die treibenden Mächte des Unbewussten, nicht aber, dass wir diese Mächte selber unwirksam gemacht hätten. Sie können uns jederzeit in neuer Form wieder anfallen. Und sie werden es unfehlbar tun, wenn die bewusste Einstellung eine Lücke hat. Macht steht gegen Macht. Wenn das Ich sich Macht über das Unbewusste anmaßt, so reagiert das Unbewusste mit einem subtilen Angriff, in diesem Fall mit der Dominante der Mana-Persönlichkeit, deren enormes Prestige das Ich in Bann schlägt. Dagegen kann man sich nur schützen mit dem völligen Eingeständnis der eigenen Schwäche gegenüber den Mächten des Unbewussten. Dadurch stellen wir dem Unbewussten keine Macht entgegen, infolgedessen wir auch das Unbewusste nicht provozieren.

Es mag dem Leser vielleicht komisch klingen, wenn ich vom Unbewussten sozusagen in persönlicher Weise spreche. Ich möchte dadurch nicht das Vorurteil erregen, dass ich mir das Unbewusste als persönlich denke. Das Unbewusste besteht aus Naturvorgängen, die jenseits des Menschlich-Persönlichen liegen. Nur unser Bewusstsein ist »persönlich«. Wenn ich daher von »provozieren« rede, so meine ich damit nicht, dass das Unbewusste gewissermaßen beleidigt sei, und – wie die alten Götter – aus Eifersucht oder Rachsucht dem Menschen einen Tort antue. Ich meine vielmehr damit etwas wie einen psychischen Diätfehler, der meine Verdauung aus dem Gleichgewicht bringt. Das Unbewusste reagiert automatisch, wie mein Magen, der sich figürlich an mir rächt. Wenn ich mir Macht über das Unbewusste anmaße, so ist das ein psychischer Diätfehler, eine unbekömmliche Einstellung, die man im Interesse der eigenen Wohlfahrt besser vermeidet. Mein unpoetischer Vergleich ist allerdings etwas zu mild in Anbetracht der weitreichenden und verheerenden moralischen Wirkungen eines gestörten Unbewussten. In dieser Hinsicht zöge ich es schon vor, von der Rache beleidigter Götter zu sprechen.

Durch die Unterscheidung des Ich von dem Archetypus der Mana-Persönlichkeit ist man nun gezwungen – genau wie im Fall der Anima –, jene unbewussten Inhalte, welche der Mana-Persönlichkeit spezifisch sind, bewusst zu machen. Historisch ist die Mana-Persönlichkeit immer im Besitze des geheimen Namens oder des besonderen Wissens oder der Prärogative eines besonderen Handelns (quod licet Jovi, non licet bovi), mit einem Worte: der *individuellen Distinktion.* Die Bewusstmachung der Inhalte, welche den Archetypus der Mana-Persönlichkeit aufbauen, bedeutet für den Mann die zweite und wahrhafte Befreiung vom Vater, für die Frau die von der Mutter und damit die erstmalige Empfindung der eigenen Individualität. Dieser Teil des Prozesses entspricht wiederum genau der Absicht der konkretistischen primitiven Initiationen bis hinauf zur Taufe, nämlich der Abtrennung von den »fleischlichen« (oder »tierischen«) Eltern und der Wiedergeburt »in novam infantiam«, in den Zustand der Unsterblichkeit und der geistigen Kindschaft, wie es gewisse antike Mysterienreligionen mit Einschluss des Christentums formulierten.

Die Möglichkeit besteht nun, dass man sich mit der Mana-Persönlichkeit nicht identifiziert, diese dagegen konkretisiert als einen extramundanen »Vater im Himmel« mit dem Attribut der *Absolutheit* (die vielen sehr am Herzen zu liegen scheint). Damit würde dem Unbewussten ein ebenso absolutes Übergewicht verliehen (wenn dies der Glaubensanstrengung gelingt!), wodurch aller Wert dort hinüber abströmt.[58] Die logische Folge davon ist, dass hier bloß ein elendes, minderwertiges, untaugliches und sündenbeladenes Häuflein Mensch zurückbleibt. Wie bekannt, ist diese Lösung zu einer historischen Weltanschauung geworden. Da ich mich hier nur auf psychologischem Boden bewege und keinerlei Neigung verspüre, dem Weltall meine ewigen Wahrheiten zu diktieren, so muss ich zu dieser Lösung kritisch bemerken, dass, wenn

58 »Absolut« heißt »losgelöst«. Gott für absolut zu erklären, heißt so viel, wie ihn außer allen Zusammenhang mit den Menschen zu stellen. Der Mensch kann nicht auf ihn, und er kann nicht auf den Menschen wirken. Ein solcher Gott wäre eine durchaus belanglose Sache. Man kann also billigerweise nur von einem Gott reden, der relativ zum Menschen ist, wie dieser zu Gott. Die christliche Auffassung Gottes als eines »Vaters im Himmel« drückt die Relativität Gottes in exquisiter Form aus. Ganz abgesehen von der Tatsache, dass der Mensch über Gott weniger ausmachen kann als eine Ameise über den Inhalt des Britischen Museums, so entspringt dieser Drang, Gott für »absolut« zu erklären, nur der Befürchtung, Gott könnte »psychologisch« werden. Das wäre natürlich gefährlich. Ein absoluter Gott dagegen geht uns überhaupt nichts an, während ein »psychologischer« Gott *real* wäre. Dieser Gott könnte den Menschen erreichen. Die Kirche scheint ein magisches Instrument zu sein, um den Menschen vor dieser Eventualität zu schützen, denn es heißt ja, dass es »furchtbar sei, in die Hände des lebendigen Gottes zu fallen«.

ich allen höchsten Wert auf die Seite des Unbewussten schiebe und daraus ein summum bonum konstruiere, ich in die unangenehme Lage geraten bin, auch einen Teufel von gleichem Gewicht und gleichem Ausmaß zu erfinden, welcher meinem summum bonum das psychologische Gleichgewicht hält. Unter keinen Umständen aber wird es meine Bescheidenheit zulassen, dass ich mich selber mit dem Teufel identifiziere. Das wäre doch zu anmaßlich und würde mich überdies in unleidlicher Weise in Gegensatz zu meinen höchsten Werten setzen. Das kann ich mir aber bei meiner moralischen Unterbilanz keinesfalls leisten.

Ich würde daher aus psychologischen Gründen empfehlen, aus dem Archetypus der Mana-Persönlichkeit keinen Gott aufzubauen, das heißt, ihn nicht zu konkretisieren; denn damit vermeide ich die Projektion meiner Werte und Unwerte in Gott und Teufel, und dadurch erhalte ich mir meine menschliche Würde, mein eigenes spezifisches Gewicht, das ich so sehr benötige, um nicht der widerstandslose Spielball unbewusster Mächte zu werden. Wenn man mit der sichtbaren Welt verkehrt, so muss man schon verrückt sein, wenn man annimmt, man sei der Herr dieser Welt. Man folgt hier natürlicherweise dem Prinzip der »non-resistance« gegenüber allen überlegenen Faktoren bis zu einer gewissen individuellen Höchstgrenze, an der auch der ruhigste Bürger zum blutigen Revolutionär wird. Unsere Verbeugung vor Gesetz und Staat ist ein empfehlenswertes Muster für unsere allgemeine Einstellung zum kollektiven Unbewussten. (»Gebet dem Kaiser, was des Kaisers, und Gott, was Gottes.«) Soweit wäre unsere Verbeugung nicht schwierig. Es gibt in der Welt aber auch Faktoren, zu denen unser Gewissen nicht unbedingt ja sagt, und wir verbeugen uns vor ihnen. Warum? Es ist praktisch zuträglicher als das Gegenteil. Gleicherweise gibt es Faktoren im Unbewussten, wo wir nichts als klug sein müssen. (»Widerstehet nicht dem Übel.« »Machet euch Freunde in den Hütten des ungerechten Mammons.« »Die Kinder der Welt sind klüger als die Kinder des Lichts«, ergo: »Seid klug wie die Schlangen und sanft wie die Tauben.«)

Die Mana-Persönlichkeit ist einerseits ein überlegen Wissender, ande-

rerseits ein überlegen Wollender. Durch die Bewusstmachung der dieser Persönlichkeit zugrunde liegenden Inhalte sind wir in die Lage versetzt, mit der Tatsache umgehen zu müssen, dass wir einerseits etwas mehr gelernt haben als andere und andererseits etwas mehr wollen als andere. Diese unangenehme Verwandtschaft mit den Göttern hat bekanntlich dem armen Angelus Silesius dermaßen in die Knochen geschlagen, dass er Hals über Kopf aus seinem Überprotestantismus unter Übergehung der unsicher gewordenen lutherischen Zwischenstation in den tiefsten Schoß der schwarzen Mutter zurückgekehrt ist – leider sehr zuungunsten seiner lyrischen Begabung und seiner nervösen Gesundheit.

Und doch hat Christus und nach ihm Paulus eben gerade mit diesen Problemen gerungen, was aus nicht wenigen Spuren noch deutlich erkennbar ist. Meister Eckhart, Goethe im ›Faust‹, Nietzsche im ›Zarathustra‹ haben uns dieses Problem wieder etwas in die Nähe gerückt. Goethe wie Nietzsche versuchen es mit dem Beherrschungsgedanken, Ersterer mit dem Zauberer und rücksichtslosen Willensmenschen, der es mit dem Teufel macht, Letzterer mit dem Herrenmenschen und dem überlegenen Weisen, ohne Teufel und ohne Gott. Bei Nietzsche steht der Mensch allein, wie er selber, neurotisch, finanziell unterstützt, gott- und weltlos. Das ist keine ideale Möglichkeit für den wirklichen Menschen, der Familie hat und Steuern bezahlen muss. Nichts kann uns die Realität der Welt wegbeweisen; es gibt keinen wundersamen Weg drum herum. Nichts kann uns auch die Wirkungen des Unbewussten wegbeweisen. Oder kann uns der neurotische Philosoph beweisen, dass er keine Neurose hat? Er kann es nicht einmal sich selber beweisen. Daher stehen wir wohl mit unserer Seele zwischen bedeutenden Wirkungen von innen und außen, und irgendwie müssen wir beiden gerecht werden. Dies können wir nur nach Maßgabe unserer individuellen Fähigkeiten. Daher müssen wir uns auf uns selber besinnen, nicht auf »was man sollte«, sondern auf was man *kann* und was man *muss.*

So führt uns die Auflösung der Mana-Persönlichkeit durch die Bewusstmachung ihrer Inhalte natürlicherweise zu uns selbst zurück als einem seienden und lebenden Etwas, das zwischen zwei Weltbildern und ihren nur dunkel geahnten, aber umso deutlicher empfundenen Kräften eingespannt ist. Dieses »Etwas« ist uns fremd und doch so nah, ganz uns selber und uns doch unerkennbar, ein virtueller Mittelpunkt von solch geheimnisvoller Konstitution, dass es alles fordern kann, Verwandtschaft mit Tieren und mit Göttern, mit Kristallen und Sternen, ohne uns in Verwunderung zu versetzen, ja ohne unsere Missbilligung zu erregen. Dieses Etwas fordert auch all das, und wir haben nichts in Händen, das wir billigerweise dieser Forderung entgegensetzen könnten, und es ist sogar heilsam, diese Stimme zu hören.

Ich habe diesen Mittelpunkt als das *Selbst* bezeichnet. Intellektuell ist das Selbst nichts als ein psychologischer Begriff, eine Konstruktion, welche eine uns unerkennbare Wesenheit ausdrücken soll, die wir als solche nicht erfassen können, denn sie übersteigt unser Fassungsvermögen, wie schon aus ihrer Definition hervorgeht. Sie könnte ebenso wohl als »der Gott in uns« bezeichnet werden. Die Anfänge unseres ganzen seelischen Lebens scheinen unentwirrbar aus diesem Punkte zu entspringen, und alle höchsten und letzten Ziele scheinen auf ihn hinzulaufen. Dieses Paradoxon ist unausweichlich, wie immer, wenn wir etwas zu kennzeichnen versuchen, was jenseits des Vermögens unseres Verstandes liegt.

Ich hoffe, es sei dem aufmerksamen Leser hinlänglich klar geworden, dass das Selbst mit dem Ich genauso viel zu tun hat wie die Sonne mit der Erde. Die beiden können nicht verwechselt werden. Ebenso wenig handelt es sich um eine Vergottung des Menschen oder um eine Herabsetzung Gottes. Was jenseits unseres menschlichen Verstandes liegt, ist für diesen sowieso unerreichbar. Wenn wir daher den Begriff eines Gottes gebrauchen, so formulieren wir damit einfach eine bestimmte, psychologische Tatsache, nämlich die Unabhängigkeit und Übermacht gewisser psychischer Inhalte, die in ihrer Fähigkeit, den Willen zu durchkreuzen, das Bewusstsein zu obsedieren und die Stimmungen und Handlungen zu beeinflussen, sich ausdrückt. Man wird sich darüber wohl entrüsten, dass eine unerklärliche Laune, eine nervöse Störung oder gar ein unbeherrschbares Laster gewissermaßen eine Manifestation Gottes sei. Es wäre aber gerade für die religiöse Erfahrung ein unersetzlicher Verlust, wenn solche, vielleicht auch schlimmen Dinge künstlich abgetrennt würden von der Zahl der autonomen psychischen Inhalte. Es ist ein apotropäischer Euphemismus[59], wenn man solche Dinge mit einer »Nichts-als«-Erklärung abtut. Damit würden sie bloß verdrängt, und in der Regel ist damit bloß ein Scheinvorteil gewonnen, bloß eine etwas geänderte Illusion. Damit bereichert sich die Persönlichkeit nicht, sondern sie verarmt und versandet. Was der heutigen Erfahrung und Erkenntnis als böse oder wenigstens als sinn- und wertlos erscheint, kann einer höheren Erfahrungs- und Erkenntnisstufe als eine Quelle des Besten erscheinen, wobei natürlich alles davon abhängt, was für einen Gebrauch einer von seinen sieben Teufeln macht. Sie als sinnlos zu erklären, beraubt die Persönlichkeit des ihr entsprechenden Schattens, und damit verliert sie ihre Gestalt. Die »lebende Gestalt« bedarf tiefer Schatten, um plastisch zu erscheinen. Ohne den Schatten bleibt sie ein flächenhaftes Trugbild oder – ein mehr oder weniger wohlerzogenes Kind.

Damit spiele ich auf ein Problem an, das weit bedeutender ist, als die wenigen einfachen Worte auszudrücken scheinen: *Die Menschheit ist in der großen Hauptsache psychologisch noch in einem Kindheitszustand* – eine Stufe, die nicht übersprungen werden kann. Weitaus die meisten bedürfen der Autorität, der Führung und des Gesetzes. Diese Tatsache darf nicht übersehen werden. Die paulinische Überwindung des Gesetzes fällt nur dem zu, der es versteht, anstelle des Gewissens die Seele zu setzen. Dazu sind sehr wenige befähigt. (»Viele sind berufen, doch wenige sind auserwählt.«) Und diese wenigen beschreiten diesen Weg auch nur aus innerer Nötigung, um nicht zu sagen Not, denn dieser Weg ist schmal wie die Schneide eines Messers.

[59] Der schlimmen Sache einen guten Namen geben, um ihre Ungunst abzuwenden.

Die Auffassung Gottes als eines autonomen, psychischen Inhaltes macht Gott zu einem *moralischen Problem* – und das ist, zugestandenermaßen, sehr unbequem. Aber wenn diese Problematik nicht existiert, so ist auch Gott nicht wirklich, denn dann greift er nirgends in unser Leben ein. Dann ist er ein historischer Begriffspopanz oder eine philosophische Sentimentalität.

Lassen wir die Idee eines »Göttlichen« ganz aus dem Spiel und reden wir nur von autonomen Inhalten, so bleiben wir zwar intellektuell und empirisch korrekt, aber wir vertuschen damit eine Note, die psychologisch nicht fehlen darf. Gebrauchen wir nämlich die Vorstellung eines »Göttlichen«, so drücken wir damit die eigentümliche Art und Weise, wie wir die Wirkungen autonomer Inhalte erleben, treffend aus. Wir könnten uns auch des Ausdruckes »dämonisch« bedienen, insofern wir damit nicht andeuten, dass wir uns irgendwo noch einen konkretisierten Gott, der unseren Wünschen und Vorstellungen restlos entspricht, reserviert haben. Unsere intellektuellen Taschenspielerkunststücke helfen aber nicht, ein Wesen nach unseren Wünschen in die Wirklichkeit zu setzen, so wenig wie sich die Welt unseren Erwartungen anbequemt. Belegen wir daher die Wirkungen autonomer Inhalte mit dem Attribut »göttlich«, so anerkennen wir damit deren relative Übermacht. Und diese Übermacht ist es, welche den Menschen zu allen Zeiten gezwungen hat, selbst das Undenklichste zu ersinnen und sich sogar die größten Leiden aufzuerlegen, um jenen Wirkungen gerecht zu werden. Diese Macht ist so wirklich wie Hunger und Todesangst.

Das *Selbst* könnte charakterisiert werden als eine Art von Kompensation für den Konflikt zwischen Innen und Außen. Diese Formulierung dürfte nicht übel passen, insofern das Selbst den Charakter von etwas hat, das ein Resultat, ein erreichtes Ziel ist, etwas, das nur allmählich zustande gekommen und durch viele Mühen erfahrbar geworden ist. So ist das Selbst auch das Ziel des Lebens, denn es ist der völligste Ausdruck der Schicksalskombination, die man Individuum nennt, und nicht nur des einzelnen Menschen, sondern einer ganzen Gruppe, in der einer den andern zum völligen Bilde ergänzt.

Mit der Empfindung des Selbst als etwas Irrationalem, undefinierbar Seiendem, dem das Ich nicht entgegensteht und nicht unterworfen ist, sondern anhängt und um welches es gewissermaßen rotiert, wie die Erde um die Sonne, ist das Ziel der Individuation erreicht. Ich gebrauche das Wort »Empfindung«, um damit den Wahrnehmungscharakter der Beziehung von Ich und Selbst zu kennzeichnen. In dieser Beziehung ist nichts Erkennbares, denn wir vermögen über Inhalte des Selbst nichts auszusagen. Das Ich ist der einzige Inhalt des Selbst, den wir kennen. Das individuierte Ich empfindet sich als Objekt eines unbekannten und übergeordneten Subjektes. Mir scheint, als ob die psychologische Konstatierung hier zu ihrem äußersten Ende käme, denn die Idee eines Selbst ist an und für sich bereits ein transzendentes Postulat, das sich zwar psychologisch rechtfertigen, aber wissenschaftlich nicht beweisen lässt. Der Schritt über die Wissenschaft hinaus ist ein unbedingtes Erfordernis der hier geschilderten psychologischen Entwicklung, denn ohne dieses Postulat wüsste ich die empirisch stattfindenden psychischen Prozesse nicht genügend zu formulieren. Das Selbst beansprucht daher zum mindesten den Wert einer Hypothese, entsprechend der der Atomstruktur. Und – sollten wir auch hier noch in einem Bilde eingeschlossen sein – so ist es etwas übermächtig Lebendiges, dessen Deutung jedenfalls meinen Möglichkeiten nicht gelingt. Ich zweifle auch gar nicht, dass es ein Bild ist, aber eines, in dem wir noch enthalten sind.

Ich bin mir tief bewusst, dass ich in dieser Schrift keine gewöhnlichen Anforderungen an das Verständnis meines Lesers gestellt habe. Ich habe mir zwar alle Mühe gegeben, den Pfad des Verstehens zu ebnen, aber die eine große Schwierigkeit konnte ich nicht aus dem Wege räumen, nämlich die Tatsache, dass die meinen Ausführungen zugrunde liegenden Erfahrungen wohl den meisten unbekannt und darum fremdartig sind. Ich kann infolgedessen nicht erwarten, dass meine Leser allen meinen Schlüssen folgen werden. Obschon jeder Autor natürlicherweise sich am Verständnis seines Publikums freut, so steht mir doch die Deutung meiner Beobachtungen weniger im Vordergrund als vielmehr der Hinweis auf ein noch kaum erschlossenes, weites Erfahrungsgebiet, das ich durch dieses Buch vielen zugänglich machen möchte. In diesem bis jetzt so dunkeln Gebiet nämlich scheinen mir die Antworten zu liegen auf manche Rätsel, welchen die Bewusstseinspsychologie nie auch nur nahegekommen ist. Ich möchte unter keinen Umständen den Anspruch erheben, diese Antworten endgültig formuliert zu haben. Daher bin ich es ganz zufrieden, wenn meine Schrift als ein tastender Versuch zu einer Antwort gelten darf.

Bibliographie der genannten Werke

Verweise auf Werke C. G. Jungs beziehen sich in der Regel auf die Ausgabe ›Gesammelte Werke‹ (siehe dazu die Übersicht der Ausgabe ›Gesammelte Werke‹ von C. G. Jung, S. 153) mit Bandzahl und Absatzzählung (§). Bibliographische Hinweise auf Werke C. G. Jungs, die nicht in den ›Gesammelten Werken‹ enthalten sind, finden sich in der folgenden Bibliographie der genannten Werke.

Adler, Alfred: *Über den nervösen Charakter.* Wiesbaden 1912.

Benoit, Pierre: *L'Atlantide.* Paris 1919.

Bleuler, Eugen: *Dementia Praecox oder Gruppe der Schizophrenien.* In: Handbuch der Psychiatrie. Leipzig und Wien 1911.

Daudet, Léon: *L'Hérédo.* Paris 1916.

Flournoy, Théodore: *Automatisme téléologique antisuicide: un cas de suicide empêché par une hallucination.* In: Archives de Psychologie. Band 7. Genf 1908.

Flournoy, Théodore: *Des Indes à la Planète Mars. Etude sur un cas de Somnambulisme avec Glossolalie.* Dritte Auflage. Paris und Genf 1900.

Freud, Sigmund: *Totem und Tabu.* In: Gesammelte Schriften. Band 10. Wien 1924.

Goethe, Johann Wolfgang von: *Faust.* In: Werke in zehn Bänden. Band 4. Zürich 1961.

Goethe, Johann Wolfgang von: *Die Geheimnisse. Ein Fragment.* In: Werke in zehn Bänden. Band 7. Zürich 1962.

Haggard, Rider: *She.* Leipzig 1887.

Hubert, Henri/Marcel Mauss: *Mélanges d'Histoire des Religions.* Paris 1909.

Jaffé, Aniela: *Geistererscheinungen und Vorzeichen.* Zürich und Stuttgart 1958.

James, William: *The Varieties of Religious Experience. A Study in Human Nature.* London und Cambridge (Mass.) 1902.

Janet, Pierre: *Les Nevroses.* Paris 1909.

Jung, Carl Gustav: *Collected Papers on Analytical Psychology.* Herausgegeben von Constance E. Long. Zweite Auflage. New York 1917.

Jung, Carl Gustav: *Wandlungen und Symbole der Libido.* Leipzig und Wien 1912.

Kubin, Alfred: *Die andere Seite.* München 1908.

Lehmann, Friedrich Rudolf: *Mana.* Leipzig 1922.

Maeder, Alphonse: *Psychologische Untersuchungen an Dementia Praecox-Kranken.* In: Jahr-

buch für psychoanalytische und psychopathologische Forschungen. Band 2. Leipzig und Wien 1910.
Silberer, Herbert: *Probleme der Mystik und ihrer Symbolik.* Wien und Leipzig 1914.
Spitteler, Carl: *Prometheus und Epimetheus.* Jena 1915.
Tacitus, Publius Cornelius: *Germania.* Herausgegeben von Eugen Fehrle. München 1929.
Warneck, Johann: *Die Religion der Batak.* In: Religionsurkunden der Völker. Band 1. Herausgegeben von J. Böhmer. Leipzig 1909.
Webster, Hutton: *Primitive Secret Societies.* New York 1908.
Wells, Herbert George: *Christina Alberta's Father.* London und New York 1925.

Quellennachweis

Zur Entstehung dieser Schrift vergleiche S. 7–9 (Vorrede) und S. 11, Anmerkung 7. Dem Erstdruck als selbständige Buchveröffentlichung 1928 im Verlag Reichl, Darmstadt, folgte 1934 ein Nachdruck im Verlag Rascher, Zürich.
Der Text in diesem Band folgt:
Gesammelte Werke (GW), Band 7, herausgegeben von Marianne Niehus-Jung, Lena Hurwitz-Eisner, Franz Riklin, Leonie Zander, Sonderausgabe, 7. Aufl., Edition C. G. Jung im Patmos Verlag, Ostfildern 2023, S. 127–248.

Verzeichnis der Gesammelten Werke (GW) von C. G. Jung

In Klammern angegeben ist jeweils die Jahreszahl der ersten Auflage der deutschen gebundenen Einzelausgabe bzw. das Jahr der Erstveröffentlichung einer Schrift. Die Erscheinungsjahre etwaiger revidierter Fassungen von Schriften sind nicht berücksichtigt.
Gebundene Bände, die vor 1971 veröffentlicht wurden, sind im Rascher Verlag, Zürich, erschienen, alle gebundenen Bände nach 1971 im Walter Verlag, Olten und Düsseldorf. Die zuletzt erschienene broschierte Ausgabe aller Bände wurde 2011ff. in der Edition C. G. Jung im Patmos Verlag, Ostfildern, veröffentlicht.

1. Band (1966): Psychiatrische Studien
Zur Psychologie und Pathologie sogenannter okkulter Phänomene (1902)
Über hysterisches Verlesen (1904)
Kryptomnesie (1905)
Über manische Verstimmung (1903)
Ein Fall von hysterischem Stupor bei einer Untersuchungsgefangenen (1902)
Über Simulation von Geistesstörung (1903)
Ärztliches Gutachten über einen Fall von Simulation geistiger Störung (1904)
Obergutachten über zwei widersprechende psychiatrische Gutachten (1906)
Zur psychologischen Tatbestandsdiagnostik (1905)

2. Band (1979): Experimentelle Untersuchungen
Experimentelle Untersuchungen über die Assoziationen Gesunder (Mit Franz Riklin) (1904)
Analyse der Assoziationen eines Epileptikers (1905)
Über das Verhalten der Reaktionszeit beim Assoziationsexperimente (1905)
Experimentelle Beobachtungen über das Erinnerungsvermögen (1905)
Psychoanalyse und Assoziationsexperiment (1905)
Die psychologische Diagnose des Tatbestandes (1905)
Assoziation, Traum und hysterisches Symptom (1906)
Die psychopathologische Bedeutung des Assoziationsexperimentes (1906)
Über die Reproduktionsstörungen beim Assoziationsexperiment (1907)
Die Assoziationsmethode (1910)
Die familiäre Konstellation (1910)
Über die psychophysischen Begleiterscheinungen im Assoziationsexperiment (1907)
Psychophysische Untersuchungen mit dem Galvanometer und dem Pneumographen bei Normalen und Geisteskranken (Mit Frederick Peterson) (1907)
Weitere Untersuchungen über das galvanische Phänomen, Pneumographen und die Respiration bei Normalen und Geisteskranken (Jung und Ricksher) (1907)
Statistisches von der Rekrutenaushebung (1906)
Neue Aspekte der Kriminalpsychologie (1908)
Die an der psychiatrischen Klinik in Zürich gebräuchlichen psychologischen Untersuchungsmethoden (1910)
Ein kurzer Überblick über die Komplexlehre (1911)
Zur psychologischen Tatbestandsdiagnostik (1937)

3. Band (1968): Psychogenese der Geisteskrankheiten
Über die Psychologie der Dementia praecox (1907)
Der Inhalt der Psychose (1908)
Kritik über E. Bleuler: Zur Theorie des schizophrenen Negativismus (1911)
Über die Bedeutung des Unbewußten in der Psychopathologie (1914)
Über das Problem der Psychogenese bei Geisteskrankheiten (1919)
Geisteskrankheit und Seele (1928)
Über die Psychogenese der Schizophrenie (1939)
Neuere Betrachtungen der Schizophrenie (1956)
Die Schizophrenie (1958)

4. Band (1969): Freud und die Psychoanalyse
Die Hysterielehre Freuds (1906)
Die Freudsche Hysterietheorie (1908)
Die Traumanalyse (1909)
Ein Beitrag zur Psychologie des Gerüchtes (1910)
Ein Beitrag zur Kenntnis des Zahlentraumes (1910)
Morton Prince ›The Mechanism and Interpretation of Dreams‹ (1911)
Zur Kritik über Psychoanalyse (1910)
Zur Psychoanalyse (1912)
Versuch einer Darstellung der psychoanalytischen Theorie (1913)
Allgemeine Aspekte der Psychoanalyse (1913)
Über Psychoanalyse (1916)
Psychotherapeutische Zeitfragen (Briefwechsel mit R. Loy) (1914)
Vorreden zu ›Collected Papers on Analytical Psychology‹ (1916)
Die Bedeutung des Vaters für das Schicksal des Einzelnen (1909)
Einführung zu W. M. Kranefeldt ›Die Psychoanalyse‹ (1930)
Der Gegensatz Freud und Jung (1929, 1969)

5. Band (1973): Symbole der Wandlung (1952)
(Neubearbeitung von ›Wandlungen und Symbole der Libido‹, 1912)

6. Band (1960): Psychologische Typen (1921)
Einleitung
Das Typenproblem in der antiken und mittelalterlichen Geistesgeschichte
Über Schillers Ideen zum Typenproblem
Das Apollinische und das Dionysische
Das Typenproblem in der Menschenkenntnis
Das Typenproblem in der Dichtkunst
Das Typenproblem in der Psychopathologie
Das Problem der typischen Einstellung in der Ästhetik
Das Typenproblem in der modernen Philosophie
Das Typenproblem in der Biographik
Allgemeine Beschreibung der Typen
Definitionen
Schlußwort
Anhang: Vier Arbeiten über Psychologische Typologie (1913, 1925, 1928 und 1936)

7. Band (1964): Zwei Schriften über die analytische Psychologie
Über die Psychologie des Unbewußten (1943)
Die Beziehungen zwischen dem Ich und dem Unbewußten (1928)
Anhang: Neue Bahnen der Psychologie (1912)
Die Struktur des Unbewußten (1916)

8. Band (1967): Die Dynamik des Unbewußten
Über die Energetik der Seele (1928)
Die transzendente Funktion (1916)
Allgemeines zur Komplextheorie (1934)
Die Bedeutung von Konstitution und Vererbung für die Psychologie (1929)
Psychologische Determinanten des menschlichen Verhaltens (1936)
Instinkt und Unbewußtes (1928)
Die Struktur der Seele (1928)
Theoretische Überlegungen zum Wesen des Psychischen (1947)
Allgemeine Gesichtspunkte zur Psychologie des Traumes (1928)
Vom Wesen der Träume (1945)
Die psychologischen Grundlagen des Geisterglaubens (1928)
Geist und Leben (1926)
Das Grundproblem der gegenwärtigen Psychologie (1931)
Analytische Psychologie und Weltanschauung (1931)
Wirklichkeit und Überwirklichkeit (1933)
Die Lebenswende (1931)
Seele und Tod (1934)
Synchronizität als ein Prinzip akausaler Zusammenhänge (1952)
Über Synchronizität (1952)

9/I. Band (1976): Die Archetypen und das kollektive Unbewußte
Über die Archetypen des kollektiven Unbewußten (1935)
Der Begriff des kollektiven Unbewußten (1936)
Über den Archetypus mit besonderer Berücksichtigung des Animabegriffes (1936)
Die psychologischen Aspekte des Mutterarchetypus (1939)
Über Wiedergeburt (1940)
Zur Psychologie des Kindarchetypus (1940)
Zum psychologischen Aspekt der Korefigur (1941)
Zur Phänomenologie des Geistes im Märchen (1946)
Zur Psychologie der Tricksterfigur (1954)
Bewußtsein, Unbewußtes und Individuation (1939)
Zur Empirie des Individuationsprozesses (1934)
Über Mandalasymbolik (1938)
Mandalas (1955)

9/II. Band (1976): Aion. Beiträge zur Symbolik des Selbst (1951)
Das Ich
Der Schatten
Die Syzygie: Anima und Animus

Das Selbst
Christus, ein Symbol des Selbst
Das Zeichen der Fische
Die Prophezeiung des Nostradamus
Über die geschichtliche Bedeutung des Fisches
Die Ambivalenz des Fischsymbols
Der Fisch in der Alchemie
Die alchemistische Deutung des Fisches
Allgemeines zur Psychologie der christlich-alchemistischen Symbolik
Gnostische Symbole des Selbst
Die Struktur und Dynamik des Selbst
Schlußwort

10. Band (1974): Zivilisation im Übergang
Über das Unbewußte (1918)
Seele und Erde (1931)
Der archaische Mensch (1931)
Das Seelenproblem des modernen Menschen (1928)
Das Liebesproblem des Studenten (1928)
Die Frau in Europa (1927, 1965)
Die Bedeutung der Psychologie für die Gegenwart (1933)
Zur gegenwärtigen Lage der Psychotherapie (1934)
Vorwort zu ›Aufsätze zur Zeitgeschichte‹ (1946)
Wotan (1936)
Nach der Katastrophe (1945)
Der Kampf mit dem Schatten (1946)
Nachwort zu ›Aufsätze zur Zeitgeschichte‹ (1946)
Gegenwart und Zukunft (1957)
Ein moderner Mythus: Von Dingen, die am Himmel gesehen werden (1958)
Das Gewissen in psychologischer Sicht (1958)
Gut und Böse in der analytischen Psychologie (1959)
Vorrede zu: Toni Wolff ›Studien zu C. G. Jungs Psychologie‹ (1959)
Die Bedeutung der schweizerischen Linie im Spektrum Europas (1928)
Der Aufgang einer neuen Welt (1930)
Ein neues Buch von Keyserling ›La Révolution mondiale et la responsabilité de l'esprit‹ (1934)
Komplikationen der amerikanischen Psychologie (1930)
Die träumende Welt Indiens (1939)
Was Indien uns lehren kann (1939)
Verschiedenes (Neun kurze Beiträge 1933–1938)

11. Band (1963): Zur Psychologie westlicher und östlicher Religion
Psychologie und Religion (1940)
Versuch einer psychologischen Deutung des Trinitätsdogmas (1942)
Das Wandlungssymbol in der Messe (1942)
Geleitwort zu Victor White: Gott und das Unbewußte (1952)

Vorrede zu Zwi Werblowsky: Lucifer und Prometheus (1952)
Bruder Klaus (1933)
Über die Beziehung der Psychotherapie zur Seelsorge (1932)
Psychoanalyse und Seelsorge (1928)
Antwort auf Hiob (1952)
Psychologischer Kommentar zu: Das tibetische Buch der großen Befreiung (1955)
Psychologischer Kommentar zum Bardo Thödol (1935)
Yoga und der Westen (1936)
Vorwort zu Daisetz Teitaro Suzuki: Die große Befreiung (1939)
Zur Psychologie östlicher Meditation (1943)
Über den indischen Heiligen. Einführung zu Heinrich Zimmer: Der Weg zum Selbst (1944)
Vorwort zum I Ging (1950)

12. Band (1972): Psychologie und Alchemie (1944)
Vorwort [undatiert] zur 2. englischen Auflage von 1967
Einleitung in die religionspsychologische Problematik der Alchemie (1943)
Traumsymbole des Individuationsprozesses (1936)
Die Erlösungsvorstellungen in der Alchemie (1937)

13. Band (1978): Studien über alchemistische Vorstellungen
Kommentar zu ›Das Geheimnis der goldenen Blüte‹ (1929)
Der Geist Mercurius (1943)
Die Visionen des Zosimos (1938)
Paracelsus als geistige Erscheinung (1942)
Der philosophische Baum (1945)

14/I. Band (1968): Mysterium Coniunctionis (1955)
Die Komponenten der Coniunctio
Die Paradoxa
Die Personifikationen der Gegensätze

14/II. Band (1968): Mysterium Coniunctionis (1955)
Rex und Regina
Adam und Eva
Die Konjunktion

14/III. Band (1971): Mysterium Coniunctionis, Ergänzungsband
(Herausgegeben und kommentiert von Marie-Louise von Franz)
Aurora Consurgens

15. Band (1971): Über das Phänomen des Geistes in Kunst und Wissenschaft
Paracelsus (1929)
Paracelsus als Arzt (1941)
Sigmund Freud als kulturhistorische Erscheinung (1932)
Sigmund Freud (1939)
Zum Gedächtnis Richard Wilhelms (1930)

Über die Beziehung der Analytischen Psychologie zum dichterischen Kunstwerk (1922)
Psychologie und Dichtung (1930)
›Ulysses‹ (1932)
Picasso (1932)

16. Band (1958): Praxis der Psychotherapie
Grundsätzliches zur praktischen Psychotherapie (1935)
Was ist Psychotherapie? (1935)
Einige Aspekte der modernen Psychotherapie (1930)
Ziele der Psychotherapie (1929)
Die Probleme der modernen Psychotherapie (1929)
Psychotherapie und Weltanschauung (1943)
Medizin und Psychotherapie (1945)
Die Psychotherapie in der Gegenwart (1945)
Grundfragen der Psychotherapie (1951)
Der therapeutische Weg des Abreagierens (1921)
Die praktische Verwendbarkeit der Traumanalyse (1934)
Die Psychologie der Übertragung (1946)

17. Band (1972): Über die Entwicklung der Persönlichkeit
Über Konflikte der kindlichen Seele (1910)
Einführung zu Frances G. Wickes ›Analyse der Kinderseele‹ (1931)
Die Bedeutung der Analytischen Psychologie für die Erziehung (1923)
Analytische Psychologie und Erziehung (1926)
Der Begabte (1943)
Die Bedeutung des Unbewußten für die individuelle Erziehung (1928)
Vom Werden der Persönlichkeit (1934)
Die Ehe als psychologische Beziehung (1925)

18/I. Band (1981): Das symbolische Leben
Über Grundlagen der analytischen Psychologie (1935)
Symbole und Traumdeutung (1961)
Das symbolische Leben (1939)
Ergänzungen zu GW 1, 3, 4

18/II. Band (1981): Das symbolische Leben
Ergänzungen zu GW 5, 7–17

19. Band (1983): Bibliographie
Die veröffentlichten Schriften von C. G. Jung (Originalwerke und Übersetzungen)
Die Gesammelten Werke von C. G. Jung
Die Seminare von C. G. Jung

20. Band (1995): Gesamtregister

Namenregister